「学び」がわからなくなったときに読む本

鳥羽和久
編著

あさま社

「学び」がわからなくなったときに読む本

はじめに

現代社会で使われる「学び」という言葉には、どこか胡散臭さがあるな。そんな最近の「学び」に対する疑わしさの感覚が、この本をまとめるきっかけと原動力になりました。

僕は十代の学生たちに勉強を教える仕事を始めて今年で二十三年になるのですが、大人は子どもたちに「勉強しろ」というわりに、自分に対して「勉強」を課している人はさほど多くないと感じています。

その代わりと言ってはなんですが、大人たちは「いくつになっても学びは必要だ」と言ってみたりするわけです。しかし、このときの大人たちが言う「学び」という言葉のニュアンスには、「勉強」とは明らかに異なる特有の甘さが含まれます。そして、自らも「学び」が必要だと感じているはずの彼らの多くが、「勉強するのは子どもの仕事」であり、大人がすることじゃないと考えている感じがどうも気になるのです。

最近は「勉強」の評判が悪くなったのか、子どもたちの教育現場にも「学び」が積極的に取り入れられるようになりました。学習指導要領には「主体的・対話的で深い学び」（アクティブ・ラーニング）を取り入れた探究学習を行うことが明記されました。暗記偏重の「勉強」よりも、「自分で未来・社会を切り開いていくための資質・能力を育む」ための「学び」こそが必要であるとの方向転換がなされたわけです。

しかし、僕はこの方針に対して懐疑的です。基礎知識がないままに探求学習を進めることは、ピースが足りないジグソーパズルを組み立てるような、どだい無理なことをやらされているにすぎないのではと思えるのです。

以前、小学校の「哲学対話」に招かれて、授業のサポートをした際に痛感したのは、小学生たちに下手に議論をさせたところで、手持ちの少ない洋服でいかにオシャレするかを競うようなものにしかならないということでした。そして、その行きつく先は、いかにも社会適応的で常識的な議論でした。こういう議論の練習をしたところで、早期の「つまらない大人化」を進めるだけ、そんなふうに感じました。

僕が授業をサポートしたのは一般の公立校ではなく、果敢に新しい教育にチャレンジしている小中一貫の難関校です。その学校の生徒は、大人の意図に適応することに長けている子が多いと感じました。探求型学習に積極的な学校ですが、子どもたちがそこで身につけているのは、個性と呼ばれるような独特さとは無縁な、より高度な協調性と規範性でした。

新しい教育がさまざまな現場で試みられています。しかし、それらの多くが「新しさ」という甘い蜜に引き寄せられた向こう見ずなやり方に過ぎないと感じています。アクティブ・ラーニングは、かえって学力格差を拡げる懸念があることが昨今指摘され始めましたが、そんなことは現場にいる人間ならわかり切っていたことです。杓子定規な学力的評価を捨てたうえでの振り切った改革であるのならまだ理解できるのですが、そうではなく、学力評価の価値観をそのままに、基礎力をないがしろにするような改革をしたわけですから、迷走しているとしか言いようがありません。

そんな状況のなかで、いま本来の「学び」を自らの手に取り戻すためには具体的にどのような取り組みが有効なのか。それを知りたくて、「学び」の現場にいる人たちに話を聞きにいった記録がこの本には収められています。しかし、その話題は結果的に学びの危機や勉強の意義に留まらない、極めて多層的なものになりました。

僕が話を聞いた人たちの「学び」に対するスタンスにはそれぞれ大きな違いがありますが、あえて共通点を挙げれば、それは、彼ら自身が極めて熱心な「学び手」であり、「学び」の渦に巻き込まれ続ける人たちであったということです。

その意味で、この本を読むことは、「学び」に対する自身のポジションを確認する作業にはなりえず、自らが「学び」に巻き込まれ、翻弄されるような体験となるのではと予感しています。

僕自身は、いまだ「学び」というよりは、暗記中心の「勉強」が必要だろうと感じています。なぜなら、暗記した言葉の一つひとつが、その人の思考の足掛かりになり、その結果、思考を深めることができるからです。そして、思考の足掛かりを生成ＡＩなどに肩代わりさせることは、自分独特の生き方を手放すことになるのではないかと危惧しているからです。

勉強の価値を信じない人のなかには、「学校で習ったことなんて何も覚えていないから、意味がないよ」という人もいます。でも、そもそも大人は、自身の過去の勉強が現在どう役立っているかを認識できるほどの高い解像度で生きていないのです。

学校で『徒然草』や『平家物語』の冒頭文を音読したり暗唱したりしたことは、いまの自分に何の影響も与えていないと思うかもしれませんが、古めかしい文章を読み上げたそのときには、確かに自身の意識と身体が変化して、その変化の後に各々の人生を積み上げてきたわけです。これは案外重い事実なのですが、それを意識しながら生きている大人はほとんどいないでしょう。

ただし、困ったことに「勉強」には向き不向きがあります。いや、正確には「勉強」はすべての人に開かれており、そんなものはないはずなのですが、受験をはじめとするコンペティションの環境のなかでは、どうしても自分が他人より見劣りすると感じて、勉強なんかやってられなくなる。その意味において向き不向きがあるのも事実です。

だから、競争原理に基づく勉強は、ごく少数の上位者にとって気持ちのよいものでしかなく、他の人たちが勉強嫌いになるのは必然の帰結でしょう。

でも、日々子どもたちに勉強を教えている多くの指導者たちは、勉強ができないと下を向いている子たちにこそ、明るく前を向いて勉強してもらいたいという願いを抱いているものです。そして、暗記が得意な子たちにも、もっと身体性をともなった全身的な深い学びを得てほしいと考えています。

だから、さまざまな現場で「学び」が自ずと発生するような装置について知恵が絞られているのですが、その装置のまん中にはやはり人間がおり、その人の教育に対する熱意や方法論だけでなく、単に子どもに振り回される勇気や、自らの醜態をさらす覚悟なんかが、装置を稼働させる鍵を握っていたりするものなのです。

この本には学び人たちの多くの実践が綴られています。そのエピソードのなかから勇気を得た読者の皆さんが、日々における自己の学び、他者との学びのために力を尽くし、その成果が結実することを切に願っています。

鳥羽和久

「学び」がわからなくなったときに読む本　もくじ

第1章　何のために勉強するのか――千葉雅也

第4章
世界が変わって見える授業を――井本陽久

第5章 「言葉」が生まれる教室——甲斐利恵子

第6章 からだが作り変えられる学び——平倉 圭

第7章

子どもの心からアプローチする——尾久 守侑

第1章

何のために勉強するのか

千《ち》葉《ば》雅《まさ》也《や》

1978年栃木県生まれ。哲学者、作家。立命館大学大学院先端総合学術研究科教授。東京大学教養学部卒業。東京大学大学院総合文化研究科超域文化科学専攻表象文化論コース博士課程修了。博士（学術）。著書に『動きすぎてはいけない——ジル・ドゥルーズと生成変化の哲学』『勉強の哲学』『センスの哲学』など。2023年、『現代思想入門』で新書大賞。小説作品に『デッドライン』（野間文芸新人賞）、短編「マジックミラー」（川端康成文学賞）、『エレクトリック』などがある。

勉強なんてくだらない？

鳥羽　これまでに受けた取材等で何度も話していることですが[*]、僕は千葉さんの『勉強の哲学[*]』に多大な影響を受けました。最近は『センスの哲学[*]』の刊行もあり、『勉強の哲学』で書かれていたことが、また別の切り口で豊かに語られていると感じました。今日はお会いできて嬉しいのですが、千葉さんとは勝手ながらすでに通じ合っている感覚があって、こういう席で改めてお話をする状況に若干戸惑っています。

千葉　今回が初対面なんですよね。SNSで毎日見てるから、全然そんな気がしないんですが。

鳥羽　そう。X（旧Twitter）では以前からやりとりがありますし、僕の本が出た際には書評[*]も書いていただきました。

千葉　ええ、鳥羽さんは人間の持つ複雑なところを啓蒙的に書こうとされている本当に珍しい書き手だなと思います。単純な二項対立では言いたくないけれど、リベラルだとされる人たちが「自由」というものをなるべく他人に干渉しない方向性で推し進めていて、それに対して保守的な言説があるという対立でとらえられがちです。でも、これは非常に複雑な問題で、規範（例えば「勉強する」ということ）を強く打ち出せば、保守的になると

＊BRUTUS（二〇二一年一月十五日号）「百読本」など。

＊**『勉強の哲学──来たるべきバカのために』**
千葉雅也著。文藝春秋より二〇一七年に刊行。増補版として二〇二〇年に文庫化されている（文春文庫）。

＊**『センスの哲学』**
千葉雅也著。文藝春秋より二〇二四年に刊行。哲学・思想と小説・美術の両輪で活動する著者による『勉強の哲学』『現代思想入門』に続く哲学三部作として位置づけられている。

＊**「新時代の『道徳の教科書』」**
「ちくま」（筑摩書房のPR誌）にて『君は君の人生の主役になれ』を書評した。

いうわけでもないですよね。

　人間の持っている複雑さ、人間がどういうふうに主体化していくかということの複雑さを見ていったら、やっぱり鳥羽さんのような話になるはずなんです。ところが、なかなかそういうことを言語化する人がいない。そういう苦みを含めての複雑さを書いてくれる人は貴重だなと思ってるんですよ。

鳥羽　ありがとうございます。僕の書籍をここまで分析的にコメントしてくださったのは千葉さんが初めてで、ありがたく思っています。

　千葉さんはジル・ドゥルーズ*についての博士論文を書籍化した『動きすぎてはいけない*』で哲学者としてデビューし、その後は小説家としても活躍されています。『勉強の哲学』は二〇一七年に出版されましたが、この本は「勉強」を通してノリが悪くなりキモくなること、「来たるべきバカ」になること、これらを全面的に肯定する本で、たくさんの勇気をもらいました。

千葉　ありがとうございます。「勉強」というと、資格を取って就職で有利になるとか、英語を話せるようになってビジネスで生かすとか、あるいはプログラミング言語を覚えてエンジニアとして活躍するとか、そういう実用性で考えがちですけど、本当の勉強はそうじゃない。

鳥羽　昨今は大学ですら「就職予備校」的にとらえられることが、珍しくないですね。

千葉　確かにビジネスに生かせるスキルを身につけることも重要ですけど、本当の勉強と

***ジル・ドゥルーズ**
一九二五年生まれ。フランスの哲学者。ヒュームやベルクソンなどを対象とする哲学史研究から経歴を開始。主著『差異と反復』を公刊後、フェリックス・ガタリと『アンチ・オイディプス』などの著作を刊行。晩年には映画論や芸術論に取り組む。ポスト構造主義を代表する哲学者とされる。一九九五年歿。

***『動きすぎてはいけない――ジル・ドゥルーズと生成変化の哲学』**
千葉雅也著。河出書房新社より二〇一三年に刊行。

は、自分をまったく別様に変えてしまう、恐ろしくも快楽的な行為です。そのことを改めて伝えるべく書きましたね。

鳥羽　長年、学習塾をやっていると、千葉さんの言うような「本当の勉強」と出会い損ねてしまった子どもたちの存在に気づかされます。それは端的に言えば受験勉強、さらに学校という枠組みで行われる勉強の弊害なんだけど、この件については後々話すことになるかと思います。

今回の本では「学ぶ」ことについて現場で考え抜いてきた人たちと対話をしていきますが、一方で「学ぶ」というのはどこか軽薄な言葉だなという印象を個人的に持っています。

その点で言えば、千葉さんは哲学的な強度を持った概念として「勉強」というワードを使っていますよね。「学び」という言葉が使われすぎて陳腐化したいま、「勉強」はむしろ新鮮なワードとして響きます。その意味で、『勉強の哲学』という本はタイトルの時点である種のカウンターになっていて、大人の世界でよく使われる「学び」ではなく、あえて「勉強」という言葉にこだわったのがいいと思ったんです。なんといっても「勉強しなさい」という当たり前の小言が十分に通用しなくなった時代ですから。いまは学校どころか、塾でさえ「がむしゃらに勉強しなさい」と言えない雰囲気があるんですよね。

千葉　僕は基本的にスポ根なんですね（笑）。『ドラゴン桜』*の桜木先生タイプみたいなところがある。受験勉強はもちろん問題もあるわけですが、方法を工夫しつつも、粘り強い努力が大切だというのが僕の基本姿勢です。

＊**『ドラゴン桜』**
三田紀房による漫画。主人公である桜木建二は元暴走族の駆け出し弁護士として経営破綻状態となった落ちこぼれ高校の再建を請け負い、リアリスト的な発想で生徒に東大受験のテクニックや勉強法を教える。

だけどいわゆる「インテリ」と呼ばれる人たちは努力を否定して、「勉強なんてがんばるものでもないよね」なんてことを言いますよね。僕は「いやいや、みなさんたくさん勉強してきたじゃないですか！」とツッコみたい。

かつての大知識人たちは「勉強なんて意味ないよね」みたいに言うんだけど、あれは言ってしまえばカッコつけなんです。みんなたくさん勉強をして、それなりに大変な思いをしてる。だけどそのことを言わない。言わないうちに忘れてしまってる人も少なくない。だからいまの子どもたちは、大人の言う「勉強なんてくだらない」という言葉を鵜呑みにしないでほしい。

鳥羽　そうですね。「勉強なんてくだらない」という風潮が、努力よりもコスパ&タイパ*という方向性を後押ししていて、これは勉強の危機だと感じています。

＊タイパ
「タイム・パフォーマンス」。効用、満足感を得るにあたって時間あたりの効率を指す。Z世代の価値観を表す語として象徴的に使われることが多い。

自分専用のＡＩエンジンをつくる

鳥羽　最近、受験勉強と事後についていろいろな方とお話しする機会があったのですが、「受験勉強は意味がなかった」と断言する方は、理系出身に多い気がします。文系の人はスパルタに勉強して、一時的にはズタボロになった人たちでさえ「やってよかった」と言う人が多いので、思わぬところに文理の深い溝が表れているなと感じたのですが、このあたりはどうでしょうか？

千葉　その傾向は確かにあるかもしれない。でも「無意味だった」って本当なのかなあ。そう思う人は、自分が学習過程でどういった身体的鍛錬を積み上げてきたかを忘れているんじゃないか、と思います。理系の人は計算練習をたくさんやるじゃないですか。そういう反復的な学習を経て、計算をからだに馴染ませているはずなんです。

鳥羽　そうです。計算は、まさに反復によって得た技能に頼る部分がとても大きい。珠算がいまでも継承される意義はそこにもあるわけで。

千葉　そうやって地道に手を動かす時間なしには、学びが実っていくわけがないと思います。だけど理系の一部の人たちは、あるレベルに達したり、より難しい論証に取り組むようになると、かつて通過した練習問題は、最初から必要なかったという認識に陥ってしまうのかもしれない。ある一定の段階を乗り越えたら、その前段階がなかったかのように。だとしたら、それは自分の過去を過小評価しているにすぎないのであって、教育的にはあまりよろしくない。子どもたちには「手を動かして計算しまくれ」と言うべきです。

鳥羽　反復的な学習の重要性は、いまこそはっきり伝える必要がありますね。勉強を効率化・簡略化するなんて土台無理な話だ、と。

千葉　そうですね、東大に行くような人たちはやはり圧倒的に勉強していますから。

僕も受験生の頃は、歴史科目の暗記はとにかくやりました。世界史と日本史を選択していて、山川の教科書を隅々まで覚えましたから。あのとき記憶したことは、ほぼ忘れ去りましたけど、だからといってあの暗記トレーニングが無意味だったかというとそんなことはない。

というのも、それを通じて、脳の器が大きくなったような実感があるからです。僕には従弟の家庭教師をしていた経験があるんですが、従弟も本を読んで言葉を覚えたり、語学学習をやることで、記憶力が連鎖的に上がっていく感じがすると言っていました。認知科学の分野で検証されているかはわからないけれど、経験上はひとまずそう言えると思います。

鳥羽　そういう感覚は子どもたちと付き合っていてもわかります。暗記トレーニングを通して脳そのものの容量を広げたり、記憶する力を鍛えたりすることができる。「うちの子は覚えるのが苦手で……」という親には必ず言います。「覚えるのは、確かに最初は難しいでしょう。でも、記憶する力というのは伸びるんです。ある面では、記憶する力をつけることが勉強なんです」と。

千葉　暗記によって情報を入れることでスペースができていくんですよね。いろいろ詰め込むことによって、それが抜けてしまっても、その跡地には広がった空間が残る。あくまでも例えですけど、そういう現象が起きている気がしてならない。

鳥羽　詰め込み型の学習はとかく否定されがちですが、暗記は明らかに重要ですね。大学の先生が「暗記は大事だ」と言わずに、誰が言うんだと常々思っているので、千葉さんの言葉は心強いです。外山滋比古の『思考の整理学』*には、これからの時代の知能は、暗記物を詰め込む「倉庫」ではなく、新しいことを生み出す「工場」でなければならないとい

＊**『思考の整理学』**　外山滋比古著。筑摩書房より一九八三年に初版発行。著者はお茶の水女子大学名誉教授。刊行から四十年で累計発行部数280万部を超えるベストセラーとなり、いまなお大学生の必読書として売り出されている。現在、『新版　思考の整理学』がちくま文庫より刊行。

う話が出てきて、間違いなくいまの風潮をつくった方の一人だなと思うのですが、いまだに「検索エンジンを使えばいいから、暗記はあまり意味がない」と言う人はいるし、最近は「ＡＩが全部教えてくれるから、暗記以外の応用学習に時間を使ったほうがいい」なんて言う人もいますね。

千葉　とんでもない話ですよ。研究者と会話する際に、スマホでいちいち調べていたら、誰からも相手にされません。話題が、哲学から文学、芸術、政治と変わっていくなかで、スムーズに会話するためには、あらゆる情報を覚えていないと始まりません。言葉が頭に入っていて、それをもとにロジックを組み立てることで、アイデアが湧いてくるわけです。そもそも頭のなかに素材を入れておかないとアイデアも出てこない。倉庫がない工場なんてないわけですよ。

Chat GPTがビッグデータから組み合わせて文章を吐き出すのと同じように、人間も自分だけのビッグデータを持っていて、そこからジェネレートする。それはビジネスも芸術も全部そうです。人間も生成ＡＩみたいなものだと思って、最初にデータを食わせなければならない。勉強というのは、自分専用のＡＩエンジンをつくることなんです。

鳥羽　いまのＡＩと人間の話は、『センスの哲学』で特に興味深かったトピックの一つです。いま「データを食わせる」とおっしゃったような反復による知識と技能の蓄積が、ＡＩ的な即物性とランダム性を生み出し、それがはからずもリズミカルな陳列を生み出すかもしれないということ、さらにそれが創作やビジネスにおける「センス」につながるかもしれないことが示唆されています。[*] つまり、千葉さんのいまのお話を踏まえれば、人間も最初に大量のデータを食わせなければジェネレートできない。そして、いつまでも表面の意味や感情にとらわれていては、ビジネスでも芸術でも「その人らしさ」みたいなものは発揮できない。極言すればそういう話だと感じました。この意味で、勉強を「自分専用のAIエンジンをつくること」ととらえるというヒントは、暗記をする意義のなかで最も説得力があると感じます。暗記の先において、その人なりの「リズム」が生まれるのですから。

＊『センスの哲学』千葉雅也著。文藝春秋刊。第四章にて。

あらゆる情報がミックスされる現代

鳥羽　いまの子どもたちはインターネットとSNSが全面化した時代に生きていて、勉強という営みも、この状況を踏まえて考えなくてはいけません。やっぱり、僕たちの世代といまの世代では、ネットに対する感覚がまったく違います。

千葉　インターネットは歴史を崩壊させましたね。そのことによって勉強観というのも大きく変わった部分がある。これは子どもに限らず、人類全体に言えることですが。

歴史というのは、いわば「意味づけされた積み重ね」ですが、インターネットによってすべての情報が等価になったことで意味づけが不可能になり、積み重ねができなくなった。そうやって歴史どころか従来の時間意識すら激変してしまった世界で、我々は人生やアイデンティティをどういう持続としてとらえるのか。

鳥羽　いまの若い人たちは、歴史だけでなくあらゆる物語化されたものに対して「冷笑的」です。物を売るためのストーリーテリングが広告や各種コンテンツに氾濫したことがその一因でしょう。そういった劣化した物語のせいで、歴史までも巻き添えを食らって軽蔑されてしまったのかなと。さらに、千葉さんのおっしゃるような意味では、物語的な因果関係だけでなく、直線的に積みあがっていく時間認識に対する不信感をデフォルトで抱いている世代と言えるのかもしれません。だからそれに対する一種の抵抗として、断片的な刺激ばかりを好む。TikTokやインスタのストーリーはその最たる例です。

そういえば、「艦これ」*経由で歴史にハマった子たちと歴史の話をしているとゾッとすることがあります。そこには「意味づけされた積み重ね」に対する敬意がすっぽりと抜けていて、これで大丈夫だろうかという気持ちにもなります。

千葉　ネットは歴史的な遠近法を崩壊させる方向で機能していると思います。音楽配信に顕著だけど、過去の作品も最新曲も等価にカタログされています。

あらゆる情報が等価になると、資本主義は活性化するんですよ。歴史的あるいは時間的な重みづけもなしに、なんでもかんでもミックスすればいいという環境が整えば、ものごとを組み合わせて作り出す障壁が極限まで低くなりますから。

資本主義とインターネットによって、我々の人生観は塗り替えられていくでしょう。人生というものが「積み重ねを経て、練り上げられていく」とか「時間をかけて発酵してい

＊艦これ
艦隊これくしょんの公式略称。DMM GAMESプラットフォーム上で配信されている育成シミュレーションゲーム。艦艇が女性に擬人化された「艦娘（かんむす）」と呼ばれるキャラクターを集め、勝利を目指す。

く」みたいなイメージが薄れていって、やがて消えていく。この事態を嘆いてもしようがないのかもしれませんが、僕は人の生き方としてそれは違うだろうと抵抗したい。

鳥羽　デザインや二次創作の世界は特にですが、なんでもかんでもミックスすればいいという傾向は確かに顕著ですね。千葉さんはいま、「人生が、積み重ねや発酵というイメージから乖離する」という話をされましたが、そうすると何が起こるんでしょう。

千葉　ニヒリズム*が蔓延するでしょうね。なんでもアリになっちゃうと、必然性がなくなるから。そうすると、どんな職業に就いてもかまわないし、自分の人生もリセットし放題という考えになっていく。それを「民主化」と言うなら、それもそうなのですが。

でも、ある程度の規定が前提にあったうえで、それを踏まえて主体的に決定を変えていく。それが人間のあり方なんじゃないかな。

鳥羽　「ある程度の規定が前提にあったうえで」という部分がどんどん崩れていく状況がありますが、昨今のリベラルはそのなし崩しの状態を基本的にはよいものとして受け取っているように感じます。それこそ「民主化」だからでしょうね。千葉さんはそういうリベラルのうやむやさに対してイヤミを言える論客という意味で貴重です。しかも、それに対抗する手段として「勉強」という極めて具体的な方法を提案されている。

千葉　そうですね。『勉強の哲学』を書いたときは、何らかの規定性も大前提としていました。でもそれは僕らの世代的な感性だったんだという反省はありますね。

若い人に向けて伝え直すなら、勉強はある種の蓄積を自分のなかにつくり、自分独自の

＊ニヒリズム
虚無主義。いま生きている世界、人間の存在には本質的な価値などないと主張する哲学的な立場。

歴史性をつくることなんだ、とはっきり言葉にする必要がある。政治でも文学でも、大文字の「歴史」と切り結びながら自己は形成されていく。だからこそ暗記が必要になってくるわけです。

鳥羽　そういう根本的な勉強の意義を、顰蹙《ひんしゅく》を買いながらも改めて強調せざるをえない時代になっていますね。

千葉　ネオリベラリズム*的に言えば、状況によってその都度、自分を適応・変化させていけばいいとなっているし、それを資本主義も求めているんだけれど、一人の人間がどういう存在で、どう生きるかっていうことは「書いて覚える＝《イコール》暗記」という素朴な勉強とつながっています。

「勉強するとキモくなる」のリアル

鳥羽　塾の教室には小学・中学受験を経て勉強に憎しみまで覚えている子がいて、勉強アレルギーに対するケアから始めなくちゃいけないケースもあります。中学受験がさかんな東京の子どもたちは特に苛烈な状況に置かれていると感じます。受験の状況は地域ごとに異なりますが、栃木出身の千葉さんはいかがでしたか？

千葉　栃木では中学受験というと公立の宇都宮大附属*でした。母方は教師の家系で教育熱心、附属中出身の親類もいます。僕も能開センター*という関西系の塾に通っていて、受験

＊**ネオリベラリズム**　新自由主義。市場の「見えざる手」による資源配分が何よりも効率的であるとする主張。一九三〇年以降、社会的市場経済に対して個人の自由や市場原理を再評価し、政府による介入を最低限とすべきと提唱した経済学の思想。

＊現在の宇都宮大学共同教育学部附属中学校のこと。

＊**能開センター**　ワオ・コーポレーションが経営する学習塾。一九七六年に設立。十八府県・百二十校以上の教室を展開。個別指導やオンライン学習により4５００名以上の会員を抱える（二〇二三年時点）。

しました。しかし、くじ引きで落ちたんですね。

鳥羽　くじ引きで最終的な合否を決めるんですか。

千葉　そうなんです。学科と面接までは合格したんだけど、その後のくじ引きで落とされた。いまはどうか知らないけど、僕のときはそうでした。あのときは一日中泣きわめきましたよ。

鳥羽　自分の力ではどうにもならないことですからね。

千葉　おそらく僕の「偶然性の哲学」は、この経験がスタートかもしれません。どんなにがんばっても、くじで全部ダメになることがあるのが人生なんだって痛感させられましたから。これは現在まで続く、僕の不安の問題にもつながっています。人生でこれ以上「負の偶然性」に振り回されたくない。そういう不安を抱くようになったわけです。

鳥羽　実存*的な危機から生まれた哲学だったわけですね。そこで落ちて千葉さんは公立中学に通ったんですか。

千葉　はい。実際に通った中学は、ヤンキーっぽいのもいれば、ガリ勉もいるし、普通の子もいました。結果的には、そういう雑多な環境で中学時代を過ごしたことは良かったと思っています。

鳥羽　千葉さんは秀でて勉強ができるタイプだったと思いますが、そのことは学校生活にどう影響しましたか。

千葉　『勉強の哲学』で「勉強するとキモくなる」*ということを言ったんですが、それも

***実存**
実存主義。いままさに生きている自分自身の存在である「実存」を中心とする思想。

*「勉強によって自由になるとは、キモい人になることである。言語がキモくなっているために、環境にフィットしない人になる」（『勉強の哲学 増補版』五九ページ）。

やはり実感に基づいています。
　僕は勉強ができたことで、異星人のような扱いを受けていました。地方には、勉強することで世間から浮いてしまって独特の孤独を経験した人が、ちょこちょこいると思います。しかしそういう孤独の感覚っていうのは、あんまり書かれてこなかった。だから僕はこの「キモくなって、周りから浮いてしまう」ことを書きたいなと思ったんですよね。

鳥羽　「キモくなる」という言葉が実感からというのはよくわかります。僕もまさにそういう異星人だったので。僕は福岡の田舎の公立中出身ですが、そこでは新聞沙汰になるレベルの暴力が蔓延していました。中3になるとヤンキーの友達が嬉しそうに「エ〇会にスカウトされたよ」と報告してくれて、「よかったね～」って言ってあげるような世界観。

千葉　めちゃめちゃ本格的だ（笑）。

鳥羽　中学校では、生徒会に入る男子はヤンキーにボコボコにされる伝統があるんだけど、僕が生徒会に入ったときは全員トイレに整列させられた挙句に「まあ、鳥羽くんはいいや」と免除されたんですよね。異星人だから殴れない。なぜか呼び捨てもされず「くん」付けしてくれる。

千葉　僕もそういうタイプでした。ヤンキーがなぜか僕に敬意を払ってくれる。だから殴られた経験はないんだけど、その代わり妙に距離を置かれていた。その孤独感ってなかなか共有できるものではないんですよね。
　一つ覚えていることがあります。普段はヤンキーとつるまないんだけど、ある日の放課後、夕日が差し込む教室の教壇の周りに何人かそういう連中が座っていて、僕に話しかけてきたんです。「千葉くん、将来どうすんの?」と。

異星人になると暴力やイジメからは無縁でいられる。でも一方で世俗的な「誰と誰が付き合っている」とか「アイツん家《ち》にはいろいろと問題があるらしい」といった生臭い話からも遠ざけられてしまうんです。「千葉くんにこんなくだらない話してもしょうがない」みたいな疎外感は独特のものがあって、トラウマティックなものとして記憶しています。その感じも『勉強の哲学』には反映されているはずです。

高校からは学力がものを言う世界に入って、逆に社会に馴染んでいったように思うんだけれど。

鳥羽　高校からは、ある程度同質性が高くなるので楽《ラク》になりますね。

千葉　そうですね。まあでも、僕が対人関係にちょっと距離感を覚えて、人間同士の騙《だま》し合いとか競争といったことに乗り切れないのは、いま言ったような中学時代を経たからだと思う。

僕は自分のことを多少、非定型発達かなと思うんですが、どうも定型的ドラマトゥルギー*で人生をイキイキしている人たちから疎外されている気がする。人間関係のドラマに浸ったというよりは、その隣で彼らの人間模様を観察してきたんですよね。

鳥羽　話を聞いてるとトラウマ的な疎外感が千葉さんの『勉強の哲学』のもとになっていると思えるんですが、別の視点を差し挟むと僕はあの本に、むしろある種の明るさという

＊ドラマトゥルギー
人間はコミュニケーションにおいて、場にふさわしい「役割」を認知し演じることによってコミュニケーションを成立させているとする考え方のこと。カナダの社会学者・ゴフマンが著書『行為と演技』において提唱。

か楽天性も感じたんですよ。そこについてはいかがですか？

千葉　それはおっしゃるとおりだと思います。鳥羽さんの言うような「明るさ」が僕の本質なのでしょう。中学で異星人になったことも、それはそれで楽しんでいた面もあったと思うし。

僕の楽天性は、親がともに美術系で、母方の曾祖父が画家であったことも関係していると思います。唯美主義的、*快楽主義的な家庭で育ち、「美しい」とか「かっこいい」ことが最終審級に来るような家族に囲まれていましたから。

鳥羽　正しさよりも美しさを重要視するご家族だった。

千葉　そうです。「世の中は不公平だから、どうにかしなきゃいかん」みたいな正義を語るような親じゃなかった。だから僕がそういうことをあまり語らないのは、しょうがないことなんですよ（笑）。

僕としては公共的な問題を直接的に解決するより手前の、それぞれ固有の欲望や美的価値観を持つ人間たちがいかにして共存するかという政治以前の政治を考えたくなる。それは生まれ育った家庭の影響です。

でもこれはノンポリ*ということではありません。現実の政治であっても、そもそも欲望や価値観の共存に失敗してるから不具合が生じているのだという考え方なんです。

鳥羽　欲望の次元やそれに付随する価値観の議論は、いまのポリコレ*社会では伝わりにくいですよね。感情的な話に終始してしまって。「政治以前の政治」を語ろうとするとすぐ

＊唯美主義的
あらゆる価値のうちで美を最高のものとする世界観。芸術のうえでは美を唯一絶対の目的として追求する態度。

＊ノンポリ
nonpoliticalの略。政治運動に関心がないこと。

＊ポリコレ
ポリティカル・コレクトネスの略。政治的妥当性。人種、性別、国籍、宗教、年齢、障がいなどを理由とした差別的な表現を正し、社会の多様性を尊重すべしとする考え方。

にノンポリと誤解されてしまうわけで。

千葉　欲望を客観視できてないからでしょうね。自分の欲望を俯瞰して吟味するためにも勉強は必要です。

メタ視点を学ぶ「塾」という環境

千葉　僕は塾がすごい好きだったんですよ。いわゆる「お勉強」は小5から高3まで通った関西系の塾・能開センターに支えられたなと思っています。全国の基準で勉強を教えてくれたし、栃木の外の世界を見せてくれました。特に中学時代は、地元の公立校でいろんなタイプの人間たちを横目に見つつ、塾では全国の連中がどれぐらい勉強してるのかを意識しながら勉強できた。そうやって両方の世界を見られたのは、いい経験でした。

実際、高校受験で東京の高校も腕試しで受験して、結果的に東京学芸大附属と慶應に受かったのは自信につながったと思う。実家からは通えないから、宇都宮高校に行くことになりました。

鳥羽　なるほど。学校にはなくて塾にあるのが、日常の外部の世界を垣間見せる機能ですね。関連して言えば、僕は日ごろから、塾で初めて学びに出会う子たちを目にしているので、なぜ学校が学びとの出会いの場になりにくいんだろうという問題意識をずっと持っているんです。

例えば、学校での「歴史」の教え方には疑問があります。教科書に書かれてることを紛うことなき正史かのように教えますよね。でも、フランス語のhistorieは「歴史」と「物語」の両方の意味があって、英語のhistoryとstoryも語源は同じ……のようなクリシェ*をわざわざ言うまでもなく、歴史とはあくまでもいまの時代から見た一つの「歴史観」であり「物語」であるという大前提を共有したほうが、ずっと深い学びになるはずです。*それをしないのは、学校では言っちゃいけないことになっているのかな。

千葉　確かに僕が子どもの頃も、学校ではメタ視点の存在は強調されなかったですね。学問に対するメタ視点は塾で学びました。歴史認識という政治的な問題があるから学校では教えられないのかな。

鳥羽　そうかもしれません。「国語」や「日本史」を疑うことは国体にかかわることですから。でも、教える側の実感としては、前提となる「歴史観」という存在があることを先にばらしちゃったほうがやりやすいですよ。

千葉　学生にとってもそのほうがいいでしょうね。

鳥羽　そうなんです。はるかに覚えやすい。歴史が極めて人間らしい現実的なものとして受け止められるようになるはずです。

千葉　僕は、化学が「暗記」なのか「論理で導き出すもの」なのか、曖昧なまま教えられたせいで全然できませんでした。物理法則というのは、最終的には、覚えるしかないわけでしょう。もちろん内部論理はあるけど、全体には必然性がないから覚えるしかない。そ

＊クリシェ
陳腐でありふれた修辞技法。常套句。

＊ただしこれは、歴史学において、史料の探求や年代測定などの理論的手続きがなされ、歴史的事実を客観的に確定するための努力がなされていることを否定するものではない。（鳥羽）

の感覚を最初に伝えてもらえれば「歴史と同じだな」と納得してやれたはずなんですけど。そういうことを見通して教えられるのも、先生の資質かもしれませんね。

鳥羽　そうですね。話を少し戻すと、さっきの外部の世界との出会いという意味では、頻繁に全国模試が行われますからそれが刺激になる。単純に全国でランク付けされて世界が広がる感じはおもしろいですよね。

千葉　そうそう。当時の僕は受験オタクだったんで、全国の名門校も調べていましたよ。西日本の学校名がエキゾチックでワクワクしたのを覚えています。開成みたいなスマートな名前に比べて、灘《なだ》とか大阪星光とか白陵とか、どえらいモンスターな雰囲気を醸し出していて興奮しました（笑）。ラ・サールなんて鹿児島で、キリスト教で、全寮制で……と情報を入れていくうちに、「どれだけすごいところなんだろう」と妄想が膨らんでいく。

鳥羽　天下一武道会*みたいでおもしろいなー。千葉さんのように受験をある程度愉快にクリアしていく子は確かにいて、そういう子は受験させて大丈夫なんです。

ただ反対に、親に受験を強いられて、教育虐待になりそうな状況に置かれている子も少なくない。親の欲望の代理として受験させられると、遅かれ早かれ子どもは破綻してしまいます。だからといって一律に「受験は悪だ」と断罪しても、受験に向いている子のチャレンジする機会を奪うことにもつながりかねない。ここは伝えるのが難しいところです。

千葉　こういう議論を聞いていると、どうしていつも両端に振れちゃうんだろうと思うんです。現在の受験のリアリティを僕は知らないわけですが、自分のことを思い出すと、両

＊天下一武道会
漫画『ドラゴンボール』（鳥山明）に登場する架空の格闘大会。

親は「いい学校に行ってくれ」なんて言わなかったし。僕が受験勉強に取り憑かれている頃なんて、「そんな無理しなくていいよ」と心配してましたから。

鳥羽　「両端に振れる」というのはまさにそうです。どっちかの立場だけを取るという負荷にしか耐えられない人が多い。「両方とも」というのがリアルなのに。

千葉　でもこうやって振り返ると、自分が忘れているだけで、中学受験はしんどかったのかもしれない。ただ受験をやってよかったことは間違いないです。僕には向いていました。

鳥羽　茂木さん*とか、受験産業はすべて悪だという感じのことをずっと主張なさっていて、半分くらいは賛同できるんだけど、でも、その言説には、例えば千葉さんみたいに受験に向いている子がいるし、そういう主体形成だってポジティブな意味でありえるんだというリアルが欠けているんですよね。

＊茂木健一郎　一九六二年生まれ。脳科学者。ソニーコンピュータサイエンス研究所シニアリサーチャー。

濃いコミュニケーションは目障りなだけなのか

鳥羽　少し前の「キモくなる」話ともつながると思いますが、いまは空気を読めないことや協調性がないことに対してかつてないほど辛辣な時代です。でも千葉さんは、その場にそぐわない、ちょっとズレた発言をしてしまう人間のあり方を肯定するようなところがありますね。

千葉　これまでは、違和感がある人が場のなかにいることが当たり前だったのであって、できるだけ齟齬《そご》をなくそうという方向性が誤った歴史の進行なんです。これは明らかにおかしいから、世直ししなきゃと僕は思ってるんだけど……でも最近はもうね、その気力もなくなっちゃった。

鳥羽　あはは（笑）。思わず笑っちゃったけど、笑えないなぁ。

千葉　いやあ、疲れちゃいますよね。人間関係には齟齬が生じるのが常で、そのなかで傷つき、傷つけられて、その経験を一旦飲み込んで自分のなかで発酵させるのが当たり前だったんだけど、いまは衝突が起きると、それをすぐ「ハラスメント」だとかいうことになる。それが必要な場面もありますが。

鳥羽　もちろんそれで救われた人はいますが、いまはそればっかりになっちゃってますね。

千葉　なんでいつも片方から片方に極端に振れるのかなと思います。人間関係の齟齬がすぐに問題視されるようになって何が起こったかというと、「じゃあもう一切踏み込まないほうがいいね」とみんなが内側にこもり始めたんです。濃いコミュニケーションは間違いの元で、そこで一度間違ったら社会的にキャンセルされる。だったら最初から踏み込むことは一切ナシにしようと。

そうやって表面的に住み分けて、無難にやっていくムードが全面化することへの違和感や葛藤を僕は発言してきました。でも、この抵抗戦を続けるのも、もはや困難です。

そもそもいまの僕のスタンスは、自分の人生を振り返ると奇妙な転向を経てるわけですよ。もともと濃いコミュニケーションみたいなのがイヤで距離を取ってきた側の人間なのに、いまやその僕がめちゃくちゃ人間臭いドラマの価値を語ってしまっているわけですから（笑）。

鳥羽　それが小説を書くまでに至っている。

千葉　「人間臭さがイヤだから小説とか興味ない」と言ってきたのに、「小説は人間の襞《ひだ》を描くものであり……」とか言っちゃってます。

鳥羽　でもその逆転してしまう感じはわかります。

千葉　人間ドラマがイヤだと言っていた十代、二十代の頃の僕だって、十分に人間ドラマの影響下で育ってきたんだと痛感しますね。人間同士のめんどくさいドラマが当たり前にあったからこそ、距離を取るという姿勢にも意味があった。

鳥羽　しかしいまは、もうその人間臭いコミュニケーションをみんなが目障りだとして抹消してしまいましたからね。

千葉　そうなんです。そうやって濃密なコミュニケーションの可能性が奪われて初めて、自分の基盤には人間同士の濃密なかかわり合いへのシンパシーがあったことに気づかされたわけです。

　いまの僕はすごくヒューマニストみたいな感じになっていて、こうやってすぐに「実存」とか言い出すようになってしまったんですよ。ポストモダンの哲学を解説する『現代思想入門』*を書いた人間とは思えない変貌ぶりです。

鳥羽　構造主義*や脱構築*以前になって、サルトル*まで戻ったわけですね（笑）。

＊『現代思想入門』
千葉雅也著。講談社現代新書より二〇二二年に刊行。二〇二三年の新書大賞を受賞。

＊構造主義
人間の思考や行動は所属している社会や文化によって決められているという考え方。主にフランスで発展していった二十世紀の現代思想の一つ。代表的な思想家としてレヴィ＝ストロース、ジャック・ラカン、ミシェル・フーコー、ロラン・バルトらが活躍した。

＊脱構築
西洋の伝統的な哲学（形而上学）の統一的な全体性という考え方や二元論による説明を批判し、新たな構築を試みる哲学的思考の方法。ジャック＝デリダが唱えた。

＊ジャン＝ポール・サルトル
一九〇五年生まれ。フランスの哲学者、小説家、劇作家。実存哲学の代表者とさ

千葉　そうそう。簡単に言ってしまうとサルトルは、「自分自身で己の人生を切り開いていく」ことを宣言したわけです。いまでは当たり前のことになっているけれども、彼が生きた時代は社会的な階層とか環境に規定された生き方が当然だったからこそ、「個人が自分で自分の人生を切り開く」という宣言は、センセーショナルに響きました。
　僕に教えてくれた先生たちの世代は戦後、実存主義に感化されながらも、その後に登場した構造主義の「すべてはシステマティックだ」という思想に衝撃を受けて、サルトルを古いものだとしたわけです。
　でもその潮流の根底には「個人の人生は自分で切り開く」というテーマが、べったり張り付いていたんだなと、いまになってようやくわかるんです。例えば小林康夫*さんはリオタール*の『ポスト・モダンの条件*』を翻訳した方ですが、七十代になって書いた近著はもう実存主義以外の何ものでもないですから。

鳥羽　なるほど。僕が修士で熱心に読んだのはサルトルだったので、その時代の空気感はギリギリわかります。

千葉　あの当時の空気感はもう忘れ去られてますね。「個人の実存」はもはや二十世紀の遺産になりつつある。浅田彰*さんが「ポストモダン」と言っていた八〇年代なんて、まだまだモダンの重さがちゃんとあったんです。浅田さん自身、その重さと軽さのハイブリッドで「ポストモダン」をイメージしていたんじゃないでしょうか。ここまでポストモダンが社会を覆うとは思ってなかったんじゃないか。

れ、著作に思想書『存在と無』、小説『嘔吐』、戯曲『出口なし』などがある。一九八〇年歿。

＊小林康夫
一九五〇年生まれ。哲学者、翻訳家。東京大学名誉教授。専門は現代哲学、表象文化論。主著に『起源と根源』『表象の光学』『歴史のディコンストラクション』『存在のカタストロフィー』（以上、未來社）ほか多数。『知の技法』の編者としても知られる。

＊ジャン＝フランソワ・リオタール
一九二四年フランス生まれ。急進的なマルクス主義者としてアルジェリアで活動後、一九六八年のパリ五月革命に参加。主著に『ポスト・モダンの条件』。「大きな物語の終焉」「知識人の終焉」を唱えた。一九九八年歿。

けれど、二〇二四年になって「個人の実存」の価値はいまや忘れ去られようとしている。そのことに危機感を抱いているから、僕は二十世紀を背負った人間として仕事をしてるんです。

「自由」を警戒する子どもたち

鳥羽　実存が大事だと言われても、いまの子どもたちにはピンとこないでしょう。実際、いまの子どもたちは、とことん抵抗力を奪われていて、「自由」をむしろ警戒さえしている。そんななかで若い人たちに「投企*せよ」なんて言えないですよ。彼らは親や周りの大人に「自由にやっていいよ」と言われながら、その実、親の「本当はこうしてほしい」という欲望が透けて見えているせいで、「自由でいい」なんて口ばっかりだと知ってしまったんですね。その結果、内向きで何もしない方向にいってしまう。

千葉　大人が好きにやらせてくれるわけじゃないってことは、普通にわかっちゃいますよね。

鳥羽　「自由」ってむしろ「お前はどうする?」と試されることなんだと子どもたちは気づいている。大人だって自由気ままに生きていないくせに、「自由はいいものだ」と言われても子どもたちが信じられないのは当然です。

千葉　不自由な世界の隙間において自力で見つけ出すものが「自由」なんですよね。「す

＊『ポスト・モダンの条件――知・社会・言語ゲーム』
リオタールの主著。一九八六年に水声社より日本語版が刊行。小林康夫が翻訳。主体、自由、解放、革命といったあらゆる「大きな物語」が解体しつくされた今日のポスト工業化社会の状況を、ウィトゲンシュタインの「言語ゲーム」の概念を用いて分析する。

＊浅田彰
一九五七年神戸生まれ。京都大学経済学部卒。現在、ICA京都（Institute of Contemporary Arts Kyoto）所長。一九八三年、『構造と力』を勁草書房から発表、翌年の『逃走論』で提示した「スキゾ／パラノ」のパラダイムとともに、「ニューアカデミズム」と呼ばれる知の潮流の先駆けとなった。多様な分野において批評活動を展開。著書に、

べてフリーです」なんて言われると、「どこまで許可されるんだろう」と問題が生じてくる。ある程度の規範を示してやることで、子どもはその規範に反発して自発的に違うことをやってやろうと思うわけで。だからといって親や教師が「こうしなさい」と命令して縛り付けるのは違うんだけど、これも程度問題でしょう。

鳥羽　理解のあるフリをする大人のほうがよっぽど問題です。それは、無抵抗に不自由を温存するだけですから。本当は自由じゃないんだから、そのことをちゃんと認めたうえで、じゃあ何が「自由」なのかという試行錯誤を見せる愚直な大人がいてもいいはずです。いまは無責任に「自由」を称揚すればいいという空気が世間を覆っています。

千葉　現代は規律訓練*が巧妙化しています。「二分の一成人式*」や「好きなことを仕事に」みたいな言い方なんかその最たるものです。一見、愉快な感じを醸し出して、子どもたちの逃げ場を奪っていく言説にあふれている。結局のところ、子どもを逸脱させたくない大人ばかりなんです。

確かに昔よりも多様な属性が認められるようになりました。でもその一方で、人に迷惑をかけず、私有財産は侵犯せず、労働して税金を納めてくださいという枠組みに、ありとあらゆる生き方のバリエーションが巧妙に当てはめられていく。そして大衆が無意識のうちに規矩《きく》に当てはめられた生き方をするように仕向けられている。

鳥羽　SNSのタイムラインを見ていても手を取るようにわかることですね。刹那的に楽しさを装うだけで、みんなが空気を読みながら互いに「出すぎない」ことばかりに気を取

『ヘルメスの音楽』『映画の世紀末』『20世紀文化の臨界』など。二〇二三年、中公文庫にて『構造と力』が刊行されるにあたって千葉雅也氏が解説を手掛けている。

＊投企 "projet"　サルトルは『実存主義とは何か』で、「アンガージュマン」（参加・拘束）という概念を提唱し、人間は積極的に《状況》へと自らを《投企》していくべきだと訴えた。人間は根源的に与えられている「自由」をどう生かしていけばいいのかという問いに対し、社会へ積極的に参加し、自由を自ら拘束していくことが、自由を最も生かす方法だとする。この可能性追求の自由な企てが投企である。

られ、生きる喜びや本当の自由を追求する方向を目指さない。その代わりに規律訓練の巧妙化や社会的包摂*の悪意は、もう至るところにはびこっています。別の視点から言えば、相手のことが「わからない」と感じたときに、ふと沸き起こる自分の悪意に正当性を与えるテクニックや、自分をきれいにしたままに相手を責め立てるメソッドは、このネット社会で発達したし、可視化されたわけです。

先ほど千葉さんは「確かに昔よりも多様な属性が認められるようになりました」と含みを持って話されていました。その言葉を聞いて真っ先に思い出したのが発達障害のことです。さまざまな形の発達障害の子どもの存在が広く知られるようになり、原因が見定められることで、子どもたちとその家族が適切な配慮を受けられるようになったメリットは大きい。でもその一方で、「アイツには○○という障がいがあるからしょうがないね」という形で、むしろ最初からセパレートしてもよいという口実を与えてしまった。発達障害という枠組みは他者を理解するためのものだったはずなのに、むしろハナから理解しなくていい社会を実装した面があるわけです。

千葉　僕が学生時代に経験した、ヤンキーやガリ勉、障がいがある人もごちゃまぜなあの感じがなくなって、カテゴライズされている。

鳥羽　そうです。そういうカテゴライズによって教室が無害化されてしまうというのは問題です。こんなものが我々の望んでいた「多様性」なんだろうかと疑問に思うんですよ。障がいの有無で子どもを区別することなく、同じ教室で一緒に学ぶインクルーシブ教育の

＊規律訓練
フランスの思想家ミシェル・フーコーが『監獄の誕生』で提唱した概念。直接に命令されなくても自発的に従属するように教育・訓育するという近代的な統治のやり方。

＊二分の一成人式
「成人」（二十歳）の二分の一である十歳の門出を祝うことを目的に近年多くの小学校で行われるようになった行事。親への感謝の手紙を書くなど4年生の学年行事として定着化しつつある。

＊社会的包摂
ソーシャル・インクルージョン。社会的に誰も排除されず全員が社会に参画する機会を持つこと。一九七〇年代フランスで、障がい者や高齢者が突き当たる困難を分析するなかで生まれた言葉。日本では「社会的

取り組みもさかんですが、カテゴライズされたあとの出会いというのは、ヘタに「配慮」があるせいで互いを踏みしめるような関係を築くことができません。

ある種の困った言動をする子どもたちが、発達障害と名付けられたことによって、表立った衝突や摩擦から無事にはなった。しかし、その副作用として、人間同士の交流の可能性が閉ざされてしまったのが現在でしょう。そもそも学校現場の先生たちにはカテゴライズしたほうがラクだって味を占めた人たちがいっぱいいて、あまり問題視もされていない。もちろんこれはおかしいと言っている先生もいるんですけどね。

千葉　ちなみに、発達障害の包摂が、ＬＧＢＴの包摂の前段階にあるとも言えそうですよね。

鳥羽　日本では発達障害のほうが先でしょうね。発達障害にまつわる言説の成功体験が、ＬＧＢＴの議論にも悪く作用した感じがします。

千葉　その筋は最近意識させられました。セクシャルマイノリティの議論も、発達障害の包摂がモデルになっている。その方向で突き進むことの危うさは僕も感じているところです。

鳥羽　一度、包摂されてしまった側の人たちが、固有の言葉を取り戻すのはすごく難しいことなので、子どもにかかわる人間としては考えてしまうところです。

生きるか死ぬか、ギリギリのところに立たされている子どもたちの生存という観点から言うと、こういった社会的包摂は最後の砦として機能することもある。でもその先で、固

包摂戦略（仮称）」策定を目的とした国の取り組みが進められている。

有の生き方を取り戻すためにはどうすればいいのか、そこの議論がおざなりになっています。

晩餐のような勉強を

鳥羽　ここまで広く「勉強」について語り合ってきました。しかし現代は、タイパの時代だから、時間のかかる勉強は否定されがちです。

千葉　現在のビジネスはアテンション・エコノミー*で、いかに他人の可処分時間*を奪うかということに終始しているなんて嫌な言い方もされますけど、だからこそ自分の時間をいかに確保するかが重要です。いまは時間をめぐる戦いが起こっているので、意識的に抵抗しなくてはならない。

鳥羽　意識的に、勉強に時間を使うことが抵抗になるわけですね。

千葉　時間がかかるってことを贅沢だと考えてほしいですね。

最近はYouTubeの教養講座とか、聞くだけで身につくビジネス英語とか、わかりやすい文章が書けるようになるための本とか、稼ぐためのスキルがサササッと身につくタイパのいい勉強ばかり注目されています。確かにそういう勉強が必要な局面もあることにはある。でもそれだけじゃなくて、じっくりと時間をかけた晩餐《ばんさん》みたいな勉強に取り組んでほしい。

鳥羽　「晩餐」っていいですね。その意味では、学校教育に広く普及したタブレットを使っ

＊アテンション・エコノミー
関心経済・注目経済圏。情報の質よりも人々の関心や注目を集めたほうが経済的利益が大きいことを指摘した経済学の概念。インターネット上で膨大な情報が流通するなかで、利用者からより多くのアテンションを集めてクリックされるために、過激なタイトルや事実に基づかない記事が生み出されるなど、誤情報の拡散や炎上を助長させる負の側面が問題視される。

＊可処分時間
睡眠や食事、仕事といった生きていくうえで必要な時間を差し引いた残りの時間を指す。総務省・社会生活基本調査（平成二十八年）によると日本人の可処分時間は一日平均で約6時間20分になると言われる。スマホが浸透した現在、企業はこの時間を奪い合うように競合している。

た勉強は貧しいとも言えます。手書きで、指に感触を得ながら書く。ノートに思考の痕跡を残す。そういう当たり前の勉強の価値が見失われつつあります。

でも、実際に勉強ができる子は猛烈に手を動かしまくっている。それは現場を見ていればわかることです。

千葉　東大に入るような人間が、どれだけ時間をかけて勉強してきたか、みんなわかってないんですよ。「東大に入る効率のいい勉強法」のようないかがわしい話を言いたがるけど、進学校の子はみんな手を動かしてます。東大に入るような人は基本的にガリ勉なんです。例外はあるにせよ、それをアテにしてはいけない。

東大に入る連中の努力をないものにしようとするのは、もともと勉強ができる人がラクして入ってんだと安心したいからなんでしょうね。気持ちはわかる。でも大変な努力をした人が行けるところなのは間違いない。

鳥羽　嫌われ役になりたくない大人は多いから、いまの千葉さんの言葉は貴重です。

ところで、千葉さんはラクして勉強なんてできないよ、というメッセージを発すると同時に、時間をかけた勉強は「贅沢だ」と言っているわけで、そこがおもしろいところです。

千葉　そうそう。特に大人になって生涯学習的なものとして勉強をやり直す際には、楽しくて贅沢な時間としてとらえることが大事です。「最短効率で資格を取りましょう」ではなくて、むしろ豊かな時間を過ごすために難しい本を読んでみるとか、第三外国語を勉強してみる。そういう豊かな時間を過ごすことが人間的な余裕をもたらすことになるし、物事を複雑に見るための筋肉を鍛えることにつながる。

鳥羽　いまおっしゃった意味では、子どもたちは小中学校の時期に基礎的な勉強が必要なことは当然ですが、同時に「晩餐的な」勉強を経験する必要があると感じます。中学受験で効率的かつがむしゃらな勉強ばかりをして自分をすり減らしている子を見ると、そうやって幼い頃に勉強と出会い損ねたことが足かせになって、いつまでも豊かな勉強に出会えない大人は多いんだろうなと感じます。

そして、そういう大人が反動で「暗記には意味がない」と言ったりする。そこには「勉強は大事だ」という当然あったはずの視点が抜け落ちてしまっているのに、良かれと思って言っている本人は気づかないわけです。

千葉　無自覚なまま世の中が変わっていくので、言い直してあげることが必要ですね。昔、当たり前だったものが、いますごく大切なんだよ、と伝えなくてはいけない。「つまんない田舎の煮物」とか思っていた素朴な料理が、実はどれだけ素晴らしかったか、あとになってわかるのと同じことです。

僕たちはそんな野暮なことを言う役目を引き受けざるをえない。「勉強が大事だ」と口酸っぱく言う大人がいなくなったら、大問題ですからね。

第2章

リズムに共振する学校

矢野利裕《やのとしひろ》

1983年、東京都生まれ。都内の中高一貫校に勤務する国語教員。サッカー部の顧問、兼監督も務めている。文芸・音楽を中心に批評活動を行っており、2014年「自分ならざる者を精一杯に生きる――町田康論」で第57回群像新人文学賞評論部門優秀作受賞。著書に『学校するからだ』（晶文社）、『今日よりもマシな明日 文学芸能論』（講談社）、『コミックソングがJ-POPを作った』（P-VINE）、『ジャニーズと日本』（講談社現代新書）など。

異色の経歴――カルチャー批評から高校教師へ

鳥羽　実は矢野さんが学校の先生であることを知ったのは、最近のことでした。それまではカルチャー批評の人として矢野さんの書く文章をよく読んでいたんです。

矢野　ありがとうございます。確かに物書きとしてのキャリアのほうが長いですね。大学院生のときから文芸・音楽を中心に批評活動を行っていて、これまで『今日よりもマシな明日　文学芸能論』や『コミックソングがJ-POPを作った』などのカルチャーや文学をテーマにした本も出版してきました。音楽ライターとして音楽誌にレヴューを書いたりコンピレーションCDの監修なんかもしています。

都内の中高一貫校で国語教員として働いているわけですが、そういう経歴もあって「なぜ先生になろうと思ったんですか?」とよく聞かれます。その質問にはいつも「GTO*にあこがれて」と答えています。確かに中高の教員としては異色かもしれませんね。

鳥羽　いま、GTOというワードが出ましたが、矢野さんの『学校するからだ』*を読むと、僕と矢野さんとでは学校に対する思い入れが対極にあるなと思います。

僕は、学校に対してかなりネガティブな感情を持っています。それに比べると矢野さんは、学校の先生だから当たり前なのかもしれませんが、学校という場にもポジティブな像

＊GTO
藤沢とおるの漫画を原作とした、学園ドラマ。一九九八年放送。元暴走族のリーダー鬼塚英吉が高校教師として問題校に赴任するとヤンキーたちを次々と更生させていく。

＊『学校するからだ』
矢野利裕著。晶文社にて二〇二二年刊行。現役教員である矢野利裕氏が、学校のなかの〈からだ〉と〈ことば〉が躍動するマジカルな瞬間を拾い集めた〈学校×身体〉ノンフィクション。

が結べるんだということを本のなかでやっていらっしゃる。それなのに、僕と矢野さんの書くスタンスには奇《く》しくも似ているものを感じます。それは、いわゆる「教育評論」ではなく、自分の現場体験をもとにしたエピソードを通して現実を浮かび上がらせようとしているところ。そして、物語として書きながらも、ストーリーに没入せず俯瞰で見る距離感があることなどです。

矢野　ありがとうございます。ただ最初に言っておくと、僕も必ずしも学校に対してポジティブな立ち位置というわけではないんです。おかしいと思うこともたくさんあります。

教員になる前から文化的なものに親しんできましたが、そこでは「学校」は不自由の象徴で、批判の的になりがちですよね。『GTO』の鬼塚英吉みたいに、そういうものを変えてやろうというノリで教員を目指したところもあります。でも、いざ教員になってみると、そうやって学校を非難するばかりの言説に対して、その大雑把な認識にむしろ腹立たしさを覚えてきました。カルチャー批評を進めていくと、むしろサブカルチャーと学校教育の文脈が密接に結びついていることに気づきます。例えば、ヒップホップで「school」という言葉が頻出するのはなぜだろうか、吉本興業が教育事業に関心を示すことの意味はなんだろうか、と。でも、世間的にはそういう認識はあまりない。だからこの結びつきをちゃんと書きたいなと、十年近く思っていたんです。

鳥羽　その成果が『学校するからだ』だったんですね。

矢野さんの本で特徴的なのは「からだ」、つまり身体性です。学校における身体をともなったコミュニケーション。矢野さんがいまおっしゃった、カルチャーと学校教育の文脈の結びつきも、身体性をともなうものとして描かれています。しかし、それがいまのポリコレ一辺倒の社会において、特に事なかれ主義の正しさを求められる公立校では、「身体性」に重きを置くこと自体、危ういところに来ているのではないか、学校という場における親密性をこれまでと同じ文脈で語ることはいまや難しいのではないか、そのような懸念を抱いています。

身体的交流こそ学校の本懐

矢野　塾では、子どもたちと勉強以外のコミュニケーションはどれくらいとるんですか。

鳥羽　塾は学校と違って、勉強に特化した場ですからね。「勉強以外の」と言われると、いや、ほとんど勉強がすべてだよな、と。塾のミッションは、基本的にはとにかく生徒が学力をつけ偏差値を上げて、志望校に合格できるように支援することですから。だから、勉強以外のコミュニケーションは求められていないという初期設定を忘れないようにしています。勉強以外のコミュニケーションがあるとしても、あくまで勉強の成果に寄与するコミュニケーションが求められているんです。

受験生になり、いよいよ勉強という時期になると、子どもたちは毎年よく口にするようになります。「学校って本当に無駄な時間ばっかり」と。それに比べて塾には無駄がない。

矢野　なるほど。学校には勉強の邪魔になるような煩わしいことがたくさんあるけど、塾は勉強だけに集中できると、子どもたち自身も思っているんですね。その明確な目的意識はいいですね。

鳥羽　ええ、それは子どもたちが塾をポジティブにとらえたうえでの発言ですが、僕としては「学校は無駄な時間こそが可能性だ」なんて思うところがあります。それこそ矢野さんが書いておられたように「身体的な交流が生まれる」のが学校の本懐ですから。持て余す時間がないと、偶然的な交わりが生起しません。塾には基本的にそれがない。

だからうちの教室では、夏休みなどに遠方への合宿を行って、その点をどうにか補っています。そういうイベントをわざわざ設けないといけないくらい、日ごろの塾は無駄がないんです。無駄のなさという切れ味が塾の魅力でもあるわけですが。しかし長く通うとなると、やはりそれだけではしんどくなってきます。実際にからだをその場所に預けておくならできるだけ気持ちいいほうがいい。合宿を終えた子どもたちは、教室への身の置き方が変わります。すると学び方も自ずと変わるんですね。

矢野　いいですね。「身体的な交流」について僕から少し補足させてください。

僕が教員として教える立場になって気づいたのは、同じようなことを同じような言葉で話したとしても、言う人や関係性によって説得力が全然違ってくるということでした。

学校教育には三つの水準があると思います。まず、ベースとなるカリキュラムや教科書、指導要領といった「内容の水準」ですね。この上に、先生個人のパーソナリティや教える際の「テクニック」が乗ってくる。テンポが良いとか話がおもしろいとか。そこまでは教壇に立つ前に想定できていたんですが、この土台がまったく同じでも結果が異なることがある、ということに現場で教えてみて初めて気づきました。

鳥羽　それはおもしろいですね。説得力がどこに宿るかと言えば……。

矢野　身体をともなった関係性だと思います。「この人が言うなら、ちょっと聞いてみようかな」ということを言っても響かないでしょう。フェイクだと思われている人がそれっぽいことを言っても響かないでしょう。

いう信頼関係がないと、どんなに良い教材で巧みに教えても、彼らは本当には聞いてくれないと感じます。その信頼関係をつくるためには、「身体的な交流」が必要になる。もうちょっと言うと、ある種の利害関係や合理的な判断を越えて、踏み込んでいくような関係性がないと「教える」はできないんですよね。

もちろん、どんな人間関係においても「踏み込む」というのは危うい行為です。ましてや生徒と教員という非対称の関係において踏み込んでいくのは少なからず暴力性をともないます。そこは常に社会的な視点から自分をチェックしなければいけないでしょう。それでも、相手の懐に強引に入っていくことを辞さない態度でいなければ、目の前の相手に何を話したり教えたりすることができるだろう。本当に大事なことを話したいと思うのであれば、ある程度のリスクを引き受けて信頼関係を結ぼうとしなければいけない。教員経験を通して、そういうことを実感しています。まあ、ごく普通の人間関係の延長だと思っていますが。

鳥羽　とても大切な話です。過剰な先回りの「配慮」ばかりが求められる現在、学校で「踏み込む」ことはどの程度可能なのでしょうか？

矢野　「配慮」に関しては、ガイドラインとしてかなり明文化されていますよね。例えば「ボディータッチをしないようにしよう」「全員に〝さん〟付けをしよう」「密室で一対一で話さないようにしよう」といったことはよく言われます。教員の暴力が横行していることを考えれば、必要なことだとは思います。けれど、究極的には一人ひとりの面と向かった関係でしかない以上、その文言はあくまでも目安くらいに考えておくべきでしょう。だから、ガイドライン的なものに関しては、趣旨だけを理解してふるまいレベルではあまり気にしないというスタンスです。ロボットでもあるまいし、ルールに字義通りに縛られる必要はない。

　実際、サッカー部の顧問をしているので、教えるときにからだに触れることはありますし、生活のなかのコミュニケーションとして肩に手を置くくらいのことはしばしばあります。それ以外にも、自身のプライベートな話題をあえて開示してみるとか。そうやって人間関係を醸成していこうという意識が強くありますが、ガイドライン的な文言をそのまま規則として守ろうとすると、このようなコミュニケーションは難しくなるでしょうね。

　ありがたいことに自分の勤務校ではそこまでとやかく言われませんが、この手の教員のふるまいに対して厳しい学校もあると聞きます。でもその状況は、自分たちに非がないことを常に証明するために、ガイドライン的なマナーを遵守しているだけに見えるので、まったく健全ではないと思います。クレームおよび訴訟の防止、つまりは学校側の都合でしかありません。

鳥羽　わかります。僕もボディータッチには気をつけていますが、例外なく禁止するというやり方にはまったく首肯できません。また、僕は普段から生徒に対して、「その言葉だけ切り取ったらアウトでしょ」という言葉を発しているかもしれません。以前出した新書*には、僕が生徒に対して「キモい」と言うシーンがあるのですが、ここにご立腹の読者の方がいらっしゃいました。

　でも、そういうことができるのは、一緒に時間を踏みしめてきた信頼関係があるからなんです。もちろん、そういう関係が成立していると想定すること自体、非対称な関係では慎重になるべきでしょう。しかし、慎重な配慮ばかりでは決して関係性は深まりません。むしろ無難なラインを一歩踏み越えることで初めて醸成される関係というのは、確実にあると思います。

矢野　そうですね。「教育はかくあるべき」という最近の議論は、僕と鳥羽さんが努めて重視している危うい部分を強引に切断している印象です。でも、「踏み込む」ことに価値を置くからこそ、立場の非対称性によりいっそう注意を向けるということもあるわけで。ガイドライン野郎は、ガイドラインに書き込まれていない局面においては簡単に不当な権力を振るうという逆説があると思います。だからこそ『学校するからだ』では「踏み込んでいくところがむしろ大事なんだ」ということを書いています。

* **『君は君の人生の主役になれ』**鳥羽和久著。ちくまプリマー新書より二〇二二年に刊行。

他者とのぶつかりを避ける子どもたち

矢野　実際に生徒と話していると、特徴というか傾向が見えてくることがあります。僕がいま気になるのは、叱ったときに人生で初めて怒られたようなリアクションを取る生徒のことです。そこでは「あ、それってダメなんですか！」という驚きと「叱られて嬉しい」という感情が入り混じっている感じがします。

石田光規さんの『「人それぞれ」がさみしい』*という本がありますが、「人それぞれ」と言われるなかで、まっとうに叱ったり叱られたりする経験は得がたくなっているのかもしれません。なんか、頑固なおっさんみたいな物言いになっていますが。でも、「人生で初めて怒られた驚き」のような反応にはこちらも面喰らいます。「え、そんなことも言われたことないの！」と。

鳥羽　確かにそういう子はいますね。ある子が戯れに差別的なことを言ったとき、「それ普通に差別やん！」ってツッコんだらびっくりされたことがあって。そういう子は、悪意を持って差別的なことを言っているんじゃなくて、それが差別的だと十分にわからずに言っている。だから指摘されると「これってダメなんだ！」と驚くとともに、指摘されたことがないから、そのこと自体にも驚いていて。日ごろ、大人からツッコミがまったく入っていないんだろうなと思います。

……とは言っても、一方で最近は、差別的なことを言う子が減った気がしませんか。

＊**『「人それぞれ」がさみしい――「やさしく・冷たい」人間関係を考える』**石田光規著。ちくまプリマー新書より二〇二二年に刊行。本音で意見を交わしぶつかり合うことが難しくなった時代に、他人と深い関係を築けなくなった理由を解明する。

矢野　そうですね。少なくとも表には出にくくなったと思います。

鳥羽　これは子どもの人権意識が高まったというわけではありません。寛容になったというような単純な話でもない。大人の「ことなかれ主義」の延長ですよね。他人との間に摩擦が起きない社会が目指されていて、それが子どもにも影響している。昭和年代の子どもを撮った写真集の見せ場は、ケンカのシーンがメインだったりします。* でもいまの時代に子どもの写真集をつくろうとして、ケンカをテーマにするなんてありえない。そもそも子どもたちが殴り合わなくなっていますから撮れないでしょう。

矢野　ケンカは未然に防ぐのが正解とされていますからね。クラス替えやグループ分けなんかもなるべく衝突を避けるように組むことが求められています。もちろん、弱い立場の生徒が守られることには賛成です。そこに学校側の介入があっていいとも思っています。ただ、いまはその過剰さのほうが目につきます。親も中学生の子に向かって「君とあの子は合わないんだから、適度な距離感を保ちなさい」とか言うじゃないですか。それもわかるんだけども、切り離すような物言いはちょっと寂しい。「最初は合わないと思っていたけど、ちゃんと話したらいいヤツだった」とか「仲良くしていたけどケンカしてしまった」とか、ごく常識的な理解としていろんな人間関係の可能性がありうるわけじゃないですか。だから、設計主義的にコントロールしようとしても仕方ない。むしろ、めんどうなことになったらこっちで対処するから、ケンカでもなんでもしてくれと思いますね。

＊『復刻版　岩波写真文庫　赤瀬川原平セレクション　社会篇１４３　一年生——ある小学教師の記録』など。

鳥羽　子どもたちの世界に、他者とぶつからずに済むフォーマットを先に導入してしまうのは怖ろしいことです。なぜなら、子どもたちから他者を理解しようとする機会を決定的に奪っているんですから。大人たちの敷いたレールの上を歩いていれば「いい子」にはなれます。でも、他者を理解しようという感覚すら手放した子どもたちが、一体何を学んだと言えるのか。

矢野　国語の教員的には、内的に葛藤したり友だちと衝突したりしながら言葉を獲得していくという一連のプロセスが大事だと思っています。自分の内面を言葉として整理しておく経験がないと、心の渦が一気に噴出して、ある日突然、不登校や家出、暴力行為といった形で表に出てくることがあるからです。それは本当に突然です。

そういう生徒を見るたびに、教員を含めた周囲の大人が彼らをコントロールしすぎた結果ではないか、と思ってしまう。もちろん大人が介入しないといけない場面はいくらでもあります。でも、いまはそのときに「被害／加害」という図式をすぐに当てはめてしまいがちです。とりわけ暴力を振るった生徒については、「加害者」という枠組み以外で議論するのが難しくなっています。

ちょっと微妙なことを言いますね。カルチュラル・スタディーズ*以降、被害者の「声なき声」をいかに拾い上げるかという問題意識が広がりました。スピヴァク*はじめ重要な議論だと思います。しかし、それが通俗道徳的に広まった現在、その善し悪しをわたしたちは突きつけられているように感じます。被害者を守るということが一面的に採用されてし

＊カルチュラル・スタディーズ
二十世紀後半イギリスの研究者グループの間で始まった文化一般に関する学問研究の潮流。政治経済学・社会学・メディア論・文化人類学・哲学など領域横断的に文化にかかわる状況を分析する。非白人研究者がイギリスの大学で次第に発言力を強めていった時代背景と重なる。

＊ガヤトリ・C・スピヴァク
一九四二年、インド・カルカッタ生まれ。アメリカの文芸評論家、比較文学者。コロンビア大学 University Professor。ポストコロニアル批評の脱構築的読解を展開。知的植民地主義に抵抗してきたと評される。

まい、結果的にあるべき人間関係が希薄になっている場面があまりに多い。それはむしろ、被害者の「声なき声」を第三者が都合のいいように聞き取っているとも言えるのではないか。「声なき声」を簒奪《さんだつ》していることがあるのではないか。

鳥羽　世の中全体が、そうやって二元論的にセパレートするアイデアしか出てこない貧しい状態にありますね。例えば「分断を生む」という言葉が便利に使われがちですが、複雑に入り組んだ事象をまるで「二分されている」ような印象を与えて単純化する、それこそが狙いなんでしょう。AとBの分断が語られるときに隠蔽《いんぺい》され忘れ去られるのは、多くの人はAの範疇《はんちゅう》に収まることができずにAと同時にBを生きているような矛盾体であるということです。そもそも、分断できるほど明確に分かれることなんてないはず。なのに、矛盾体であるよりは分断していたい、そういう欲望はありうるわけです。

矢野　僕が『おやときどきこども』*で驚いたのが、鳥羽さんがある生徒のお父さんにメールを返信する場面です。

鳥羽　ああ、ケンタくん*ですね。お父さんが「食事をあげていません」とメールに書いていた。

矢野　はい。それこそガイドラインに照らして考えるならば、虐待と言っていい状況でしょう。鳥羽さん自身、児童相談所（児相）に連絡すべきか迷われていました。でも鳥羽さんは、そのお父さんが「これ以上ひどいことはしないだろう」という信頼を持ってメールで返事をする。児相に連絡するか、家に駆けつけるか、電話をしてみるか、そのまま

*『**おやときどきこども**』鳥羽和久著。ナナロク社より二〇二〇年に刊行。

*仮名。鳥羽和久氏の著書に登場する子どもとそのエピソードはすべてフィクションとして書かれている。

メールでコミュニケーションするのか。いろんな判断があるなかで、鳥羽さんがまさに一対一の関係のなかで、ギリギリの判断を下す場面に感銘を受けました。学校のガイドライン的な発想でいったら絶対にできない行為ですから。もし自分が同じ状況に置かれたら同じことができるだろうかと考え込みました。

鳥羽　難しいところですよね。正解だったかどうかはいまだにわかりません。ケンタくんの場合は大丈夫でした。なぜあのとき児相に連絡しなかったのかと言えば、連絡することで、会いたいお母さんと会えなくなった子の例なども僕は見てきたからです。児相のやり方には杓子定規的なところがあるので、別の問題が出るなと感じたときには、子どもたちが自分の目の届く範囲にいてもらうためにもギリギリの判断をしています。

矢野　いま、その判断ができる人はなかなかいないですよ。

鳥羽　でも、これについては僕も悩み続けているので、他の支援者に対して「個別に判断したほうがいい」とはなかなか言えないところがあります。子どもと一緒に警察に行って「保護してください」とお願いすることもあるし、「家に帰りたくない！」と泣いている子の背中をそのまま見送ることもあって、本当にその都度の判断としか言いようがない。僕は学校の先生ではないから、逆に自己判断で動くしかないんです。でも、結果的に自己判断で動く大人しか助けられないような子どもがいるのも一つの現実です。

監視カメラが子どもを犯人予備軍にする

鳥羽　学校現場がガイドライン化して、その対応が杓子定規になっていくなかで、矢野さんご自身、組織の人間として判断せざるをえないということはありますか。

矢野　もちろんそういう場面はあります。無頼な個人主義者というタイプでもないし、むしろ組織の立場と個人の立場との緊張関係を楽しんだり、おもしろがったりしているところがあるかもしれません。とはいえ、それでも生徒がいちばんだという点は見失わないようにしています。村上春樹の「壁と卵*」の話じゃないけど、組織側の論理と生徒側の論理が対立したら最終的に生徒側に立ちたいとは思っています。

鳥羽　僕はどうしても学校をネガティブに見てしまうのですが、学校という組織において「生徒一人ひとりを大事にする」という考えを共有できるものなんですか。

矢野　わざわざ教員になるような人たちが集まっているので、「生徒を大事にする」という部分は共有できているはずです。ただ、「一人ひとり」という部分をどこまで徹底できるかという点は意見が分かれますよね。とりわけ教員の人手不足が問題になっている現在では、どの程度まで「一人ひとり」にコストをかけられるのか。生徒を個別の人間ではなく〝群れ〟の一部として見なしてしまったとき、学校現場で人権侵害のようなことが起きる。そんな印象です。

例えば、教育現場でもう二十年くらい議論されているのが監視カメラの問題です。最近

***壁と卵**
〝Always On The Side Of Egg〟。二〇〇九年、村上春樹がエルサレム賞の受賞式でに行ったスピーチで語られた言葉。「壁」は、戦争、個人を取りまくシステムを、「卵」は戦争やシステムに押しつぶされる個人または個人の魂を暗喩する。村上春樹は、「高く堅牢な壁とそれにぶつかって砕ける卵の間で、私はどんな場合でも卵の側につきます」と語った。

は、四六時中、教員が張り付いていることはできないからカメラを付けてしまおう、という人的コスト削減の論理で議論に入ってきます。

カメラは主に生徒間における盗難への対策として導入されます。それも、「監視カメラがあったほうが安心だ」という親からの声に応えることが多い。「本校は防犯カメラがあるから安心です」と宣伝文句にしている学校も珍しくありません。監視社会論を引き合いに出すまでもなく、このような傾向については危機感を覚えますね。

鳥羽　子どもをカメラで見張るというのは大変なことですよ。

矢野　学校にカメラが設置されるとは、どういうことか。それは、生徒全員を潜在的な容疑者扱いするということです。まさに〝群れ〟としてとらえているわけです。まず、そのこと自体に心理的な抵抗がある。でもそれ以上に、やはり信頼関係をつくるうえで弊害になることが問題でしょう。

しかし、このような抽象的な反論では、「生徒の安全を守らなければいけない」という大義になかなか勝てないですね。昔は、先生たちが自ら張り込んでたんですよ。張り込んで、捕まえて、説教する。生徒の安全を守りたいなら、そういう道だってありえますよね。でも、そこにコスト削減の論理が出てきて「カメラを付けよう」となる。

鳥羽　先生が身体でもって対峙するから伝わるということがあるはずなのですが。

矢野　カメラを設置したら、その抑止効果によって盗難はゼロになるのかもしれない。でも、それはカメラがないところで盗難が継続されることと同義です。監視カメラの設置は

「カメラのないところでやれよ」というメッセージでしかないのですから。盗難をゼロにしたいなら「他人の物を盗むな。そんなことであなたの卑近な欲望を満たそうとするな」とからだを張って言い続けることが基本じゃないですか。

そのように考えると、生徒全員を犯人予備軍かのように扱って監視することで、生徒との信頼関係が損なわれていくことのほうがよっぽど心配です。

鳥羽　本当にそうです。親たちが心配してカメラを付けろと要求してくるのはまだ想像できますが、先生たちには違う見解であってほしいんです。いまは先生方も積極的に反対できない状況なんですか。

矢野　どうなんでしょう。校風にもよるとは思います。ただ、現在は都市部での監視カメラが当たり前になり、また交通系ICカードなどで移動履歴や購入履歴も残っていく時代ですよね。そのような形での監視がデフォルトになっている時代に「監視カメラで信頼関係が損なわれる」と主張するのは野暮ったく響くのだろうなとは思います。

もう一点、学校の閉鎖性や密室性が問題になっているのは事実なので、透明性を確保する装置としてカメラが要請されているのだとも思います。そのような社会的な潮流のなか、抵抗感はあるがうまく反論できない、致し方ない、というテンションの人も多いと想像します。だとしてもその前にやるべきことがたくさんあるでしょう、と個人的には思いますが。

鳥羽　もう少し根っこを掘るような話になりますが、最近は恐ろしいことに「こういうこ

＊ミシェル・フーコー　一九二六年生まれ。フランスの哲学者。「知と権力」「監獄と規律化」「正常と異常」など、権力と知識の関係が社会統制の形としてどのように使われるかを論じている。著作に『言葉と物』『監獄の誕生』『性の歴史』など。一九八四年歿。

とは大事だから」という言い方自体が通用しにくくなっている。何を根拠に「大事」なんて言うの？　という冷めた視線を感じます。これは、世の中が歴史性を信用しなくなったこととつながっています。学校内にカメラを設置するなんてダメだ、という主張は、とても「大事」だと僕は思うんです。でも、そういう頭でっかちな倫理に煩わされるよりも、みんながいち早く安心できることを優先すべきという風潮になっている。それには強い危機感を覚えます。

矢野　「大事」を支える共通感覚みたいなものが失われているんでしょうね。「安心安全」というロジックは、僕もよく使ってきたけど、監視カメラの議論を通して考えものだと痛感しましたね。

鳥羽　「安心社会」はまさにミシェル・フーコーが言っていた、上からでなく下からの監視社会*です。『君は君の人生の主役になれ』の元となった筑摩書房の連載タイトルは「十代を生き延びる、安心な僕らのレジスタンス」だったんです。これはおわかりになるでしょうが……。

矢野　「安心な僕らは旅に出ようぜ　思い切り泣いたり笑ったりしようぜ」
くるり*の「ばらの花」の歌詞ですよね。

鳥羽　はい、ご名答です。さすが矢野さん（笑）。
くるりは「安心な僕ら」という言葉をアンビバレントな意味合いで歌っています。「確かに安心だけど、本当にこれでいいんだろうか」という反語的なニュアンスがそこにはあ

＊上からでなく下からの監視社会
ミシェル・フーコーは『監獄の誕生――監視と処罰』において中央の監視塔から周囲の監房を見渡すことができる「パノプティコン」という監獄施設について取り上げた。その上で「常に監視されている」という意識を持った囚人が自らを監視するという視点を内面化し規律化され、権力への自発的な服従に導かれていく仕組みを指摘。近代における権力と個人の関係として取り上げられる。

＊くるり
日本のロックバンド。京都府出身。一九九六年に岸田繁、佐藤征史、森信行（現在は脱退）の三人で結成。一九九八年にシングル「東京」でメジャーデビュー。「ばらの花」は二〇〇一年に発表された七枚目のシングル。

る。だから「思い切り泣いたり笑ったりしようぜ」と「安心な僕ら」に旅をすることを勧めるわけです。

くるりは同世代で、この感覚は僕らの世代からという感じがする。一般的には「安心」はいいこととされているから、その弊害を言っても理解されないどころか、反発されることもしばしばです。でも、その微妙なところを訴えていきたいと思ったのが連載を始めたきっかけでした。

矢野　なるほど。確かに「ばらの花」では、「安心」から抜け出すために旅に出ようという意味合いがありますね。いまは親だけでなく、子どもたちも冒険より安心を求める傾向が強くなっている気もします。

鳥羽　それは、いまの子が昔の子どもよりも臆病になったからではないんですよね。むしろ子どもたちはすでに満身創痍。スマホという、全身を感覚器官にしてしまうような機械のせいでいろんな情報を浴びまくり、すでに防戦一方になっている。だから、安心したい。そういうふうに僕には見えます。

子どもは「腐った言葉」を嗅ぎ分ける

矢野　生徒と教員という人間関係を飛び越えた「保護者対応」にも疑問があります。生徒が子ども同士のトラブルに巻き込まれたときでも、生徒自身が悪いことをしてしまったときでも、生徒とどう向き合うかよりも、まず保護者にどう説明するかが議論の中心になることがしばしばあります。そういうとき「いや、いま保護者は関係ないじゃん！」と言ってしまいます。まずは生徒同士や教員をめぐる問題でしょう、と。保護者はそこにいないんだから。もちろん保護者の不安もわかりますよ。でも、それはあくまで副次的なものだと考えるべきでしょう。

先ほど『学校するからだ』が俯瞰的に書かれているとおっしゃってくださったんですが、現場の教員としての自分は、徹底的に主観的なのかもしれません。僕自身は保護者がどう思うかとかあまり考えません。ヘタな駆け引きなしで、手の内を晒《さら》して、その瞬間に自分の思ったことを素直に言うだけです。

それは好き勝手に放言をしているという意味ではありません。毎日のように、教育について、差別について、批評について、人間について、といったことを考えているから、その日々の考えを心を込めて話すだけということです。そこに「保護者対応」みたいな理屈が入る隙はほとんどないですよ。もし保護者の方が疑問を持って訪ねてきたら、そのときは保護者に向けてその考えを一生懸命に話すだけです。向こうもそれで納得してくれるし、それで十分ではないか。「保護者対応」野郎のほうが、結果的に「保護者対応」にも失敗している気がする。

鳥羽　「保護者対応」野郎は、まさにいまの学校の悪弊ですね。もう、社会全体が対応野郎化していると言えなくもないですが。子どもとの対話のなかで、「その瞬間」に反応することでしか生じえないものがあるのに、それが蔑《ないがし》ろにされている。矢野さんが「思ったことしか言ってない」とあえておっしゃるのも、まさに自身の反応で動くという身体性の話につながり、それが生徒とのコミュニケーションでは肝なのだと感じます。

矢野　鳥羽さんも『おやときどきこども』で「大人の嘘はとっくに多くの子どもたちにバレている」*と書いていて、これはとてもよくわかります。

　大人側の言葉には、自動的に出てくる言葉があります。例えば「人に迷惑をかけるのをやめましょう」とか百万回くらい言われるじゃないですか。確かに言う方も「迷惑をかけるのはよくない」と心から思っているはずなんだけど、その使い古された言葉は濁っている。いや、腐っている。だから、たとえ教員が本心から「迷惑をかけるな」と言っていたとしても、生徒のほうは腐った言葉をからだに入れたくなくて、無意識にシャットアウトしているような感じがします。そういう建前的な言葉はとっくに見抜かれていると思ったほうがいい。

鳥羽　そうですね。子どもは大人の言葉をほとんど無意識に選別します。「この言葉は聞かなくてもいいや」とか、もしくは「なんかこの言葉は気になるぞ」って。それは言葉が身体に乗っているかということにかかわってくる。

矢野　大人の腐敗した言葉に子どもが自動的に返事をしてコミュニケーションが終了する。そんな場面はありふれています。僕自身、そういう言葉を使ってしまうことがあります。そういうとき、自分の言葉はなんて陳腐なのかと嫌になる。しかも、いまはそういった使

＊『おやときどきこども』二〇ページ。

い古された言葉群のなかに「多様性」「人権」「差別」「配慮」みたいな大事な概念まで入り込んできている気がします。

僕は、自分がずっと大事だと思ってきたはずの理念が、ここ二十年くらいで社会に急速に広まった結果、使い古されて鮮度が落ち、腐敗し始めているように思えてなりません。あんなにも切実だった「多様性」という言葉もうすっかり腐っていて、そのまま無前提で使用できる気がしません。「多様性」「人権」といったことについて話すときは、しっかりと臭みを取らないと聞いてもらえない。ネットや誌上の言論に対しては、そのような言葉の鮮度に鈍感だという点で「現場感がないな」と思うときがあります。

鳥羽　いまや「ダイバーシティ」も「ジェンダー」もぜんぶ教科書に載っています。教科書に載っているということは、つまり、腐ってきたということです。しかしダイバーシティやジェンダーの内実を、日本という均質性を尊ぶ社会に生きる人たちはほとんど実感できていないでしょう。実感がともなう前に腐敗してしまった。

矢野　その腐敗してしまった言葉をフレッシュにするのが、おもしろいところですけどね。芸の見せどころというか。「フレッシュ」というのもヒップホップ的な用語です。

社会性と非社会性の間で

鳥羽　それにしても『学校するからだ』を、矢野さんが私立校の内部にいながら書いたという事実に、改めて驚いてしまいます。僕が、ただごとではないと感じたのは「教育とは、社会性と非社会性の間にある営み」という一文です。俗っぽく言えば、『ＧＴＯ』的感性ですよね。非社会性の権化である主人公でヤンキーの鬼塚が、社会性の巣窟である学校に飛び込むという。

ただ『ＧＴＯ』はやはり創作であって、僕が実際に受けてきた学校教育は、デフォルトで設定された「社会」というものを疑うことなく、規範性ばかりを押し付けるものでした。そんななか学校の先生である矢野さんが、学校を「社会性と非社会性の間にある営み」だと言い切れるのは、なぜなんですか。

矢野　その話をするためには、自分の出自を話したほうがいいかもしれません。僕自身は、学生時代は学校に対してそれほど良い印象を抱いていませんでした。いわゆる恩師と呼べるような人もいませんし、学校に救われた経験も別にない。サッカー部は楽しかったかな。とはいえ、単に友人に会いに行く場所という感じでした。むしろ音楽が好きで、ライブハウスやクラブ、つまり学校以外の場で大事なことを学んできたという気持ちがあります。ある時期までＤＪが順調だと思えたから、このまま音楽の世界で食っていこうかとも思いましたが、とはいえ、やはりＤＪの世界で生き抜くことは難しかったです。その意味では、ある種の挫折感とともに教職に就いたところもあります。

だから、音楽をはじめとするカルチャーに憧れた気持ちや、学校は退屈でクソみたいな場所だったという感覚は、いまも消えずにあります。その気持ちのままで教壇に立っている。そんな自分こそが、まさに「社会性と非社会性の間」にいるなと思っています。

他方、別の文脈もあります。というのも批評や評論の界隈では、学校についてむしろ「非社会」の側から語られることが多すぎるんですね。学校というのは異常な場所で、まるで社会性などないのだ、と。大学教授が中等教育を批判する感じと言えば伝わるでしょうか。批判はあってしかるべきですが、その際に一部の大学人や批評家があたかも自分が教育制度の外部にいるかのようにふるまうのはよくわからない。いっそのこと義務教育そのものを否定しきるならまだ理解するけど、そこまでラディカルなふうでもない。そもそもあなたも大学制度のなかにいるでしょう、と思う。そういうポーズだけのフェイクな批判的知識人にはなりたくない。批判的な視座を持つのであれば、むしろそれを教育の現場でちゃんと実践することを引き受けよう、と強く思いました。

批評家としての自分はこの部分が特異だと思います。だから「教育とは、社会性と非社会性の間にある営み」という言葉は、批判的知識人に対する反発と自分のカルチャー的な関心の折衷のようなものかもしれません。

鳥羽　とてもよくわかりました。矢野さんにとっては、教諭生活がそのまま批評的実践なのですね。学校や生徒とともにあること自体が批評であるというか。「社会性と非社会性の間にある」自身の身体を観察することで、批評の顕在化を試していると言ってもいいかもしれません。『学校するからだ』にはそういった実践の感触みたいなものが刻まれている。

ただ、どうしても僕は疑っている部分があるんですよ。学校で「社会性と非社会性の間にある営み」は本当に可能なんだろうかって。
矢野　なるほど。もう少し教えてください。
鳥羽　例えば、仲間由紀恵の『ごくせん』*というドラマがありました。いかにも非社会的な教師としてのヤンクミがやってくるんだけれども、彼女はむしろ生徒たちをうまく乗せることで社会的規範性の方に持っていってる、と感じてしまったんです。非社会性というノリの悪用というか、ある種の裏切りがそこにはある気がした。
ヤンキー的な結束も、結局のところ強力な社会性の志向じゃないでしょうか。応援団文化はその権化です。僕は学生時代からああいうのが無理だったんです。田舎の公立中学でとにかく非社会的な人間だった僕は、ヤンキーに対しても怒りを持つ学生でした。ヤンキーは大人たちに反発しているようで、むしろ大人社会の暴力構造を剝き出しにしただけの正当な継承者にさえ思えました。そして、そういうヤンキーたちの後ろ盾になり、力を与えているのが学校という気がしていた。だから、そんな非社会性が社会性に食われてしまうような場でどうやったら「間」が実践できるの？　といまだに思っちゃうんですよ。
矢野　そうですね。その疑問は当然だと思います。もしかしたら近代的な教育制度の限界かもしれません。僕自身に楽観的かつ保守的な部分があって、学校が生徒たちに強制する社会性に鈍感な部分があるのかもしれません。
ただ、補足しておきたいのは、よく見ると学校というのは実におかしな場所だということです。ダブルスタンダードも横行しており、教員も生徒もなんとなくそれをわかってい

***ごくせん**
森本梢子の漫画を原作としたテレビドラマ。仲間由紀恵演じる熱血高校教師「ヤンクミ」が不良ぞろいの3年D組で活躍する学園ドラマ。理想の先生ランキングで主人公「ヤンクミ」が一位を獲得するなど社会現象に。

***ドクター・ドレー**
一九六五年生まれ、アメリカ合衆国のラッパー、実業家。ギャングスタ・ラップを確立したヒップホップ・グループ、N・W・Aに参加したのち、一九九二年にソロデビュー。ソロファーストアルバム『ザ・クロニック』をはじめミリオン・セラーを連発している。キーボードを多用しメロディックでゆるいグルーヴのサウンドは「G－ファンク」と呼ばれ多くのフォロワーを生んだ。

る。むしろ、そのグダグダのなかで成り立っているのが学校なのだ、と考えたほうがいい。学校は「これのどこが社会なんだ」というくらい、ルールも平等性も形骸化していて、むしろアナーキーだなと思う瞬間がよくあります。

生徒と共振する――学校のリズム

鳥羽　とてもおもしろい視点です。学校は社会の縮図というよりは、むしろ社会として破綻してるんですね。

矢野　破綻してるのに「社会」とみんなが言い張ってる感じがちょっとおもしろいんですよ。これは皮肉じゃなく、本気でそう思っています。近代社会なんて「擬制」にすぎないので、ちょっとしたことで揺らぎます。その揺らぎの部分をみんな見落としている。そのことの一端を示すのが学校のダンス部のエピソードです。

僕が二〇〇〇年前後の頃にクラブに入り浸って聴いていた音楽は、僕のなかでは「ストリートの音楽」なんだと信じて疑いませんでした。絶対に学校で聴く音楽ではなかった。でもそれらの音楽も、いまやK－POPを経由する形で学校で流れています。

具体的に言うと、ドクター・ドレー*とかスヌープ・ドッグ*とか、あとはM.O.P*の「Ante Up」とか、僕がクラブでさんざん聴いた曲がいまだに踊られていました。文化祭で発表するために、女子たちが（僕がクラブで聴いていたような）ストリートの音楽を

＊スヌープ・ドッグ
一九七一年生まれ。ヒップホップMC。ギャングの一員として幼少期を過ごし九一年にネイト・ドッグ、ウォーレン・Gとともに213を結成。西海岸のドン、ドクター・ドレーに見出され九二年「ディープ・カヴァー」でデビューを果たす。音楽的功績だけでなく、自身のバスケットボール・チームを通じた地域活性化やハリウッド界への進出など精力的な活動で知られる。

＊M.O.P（エムオーピー）
NY・ブルックリン出身のリル・フェイムとビリー・ダンジニーによるハードコア・ユニット。九四年にシングル「How About Some Hardcore」でデビュー。二〇〇四年シングル「Ante Up」が大ヒットする。グループ名はMash Out Posse の略。

踊っている。しかもそれは、ストリートではなく学校という場で……。
学校現場にいない評論家の議論からしたら、それは、ストリート文化が学校に取り込まれたと解釈するところでしょう。そういう面もあるとは思います。でも、僕には同時に、彼女たちが学校的な秩序をかく乱しているようにも見えます。彼女たちの身体の唯物的な躍動は学校システムには止められないですよ。彼女たちのダンスに魅了されてしまったら認めざるをえない。一時的に解放が達成されている。そういう身体的な交渉に感動しちゃいます。彼女たちはいわゆるブラックミュージックにおけるブレイクダンスの歴史なんかはまったく踏まえていない。でも、文化の裂け目に身体そのものが立ち現れる。その身体が学校空間を塗り替えている。そういう瞬間がおもしろい。

鳥羽　矢野さんが以前書かれた「〈リアル／フェイク〉という問題系」*に通ずる話ですね。ダンス部がやってるのはフェイク的なことなのかもしれない。でもそこに身体性がともなって躍動したら、もはやそんなことは問題じゃなくなる。リアルとフェイクの境目が溶け出す空間としての学校は興味深いですね。

矢野　ヒップホップのいち要素であるブレイクダンスは、七〇年代にニューヨークのアフリカ系アメリカ人やヒスパニック系のコミュニティで生まれたとされています。その背後には、当時のアフリカ系アメリカ人をめぐる貧困や人種差別といった問題があります。二十一世紀の日本の学校でブレイクダンスを踊るというのは、そのような切実な背景を捨象しているとも言えるでしょう。

＊**「ヒップホップはいかにしてそうなるのか──空虚な主体による表現として」**矢野利裕さんのnoteにて二〇二三年八月十一日に公開。初出は二〇一二年の同人誌『F』第10号（特集：擬装・変身・キャラクター）。

しかし、ブレイクダンス自体が文化的混淆《こんこう》の結果であるのと同様に、彼女たちが踊るダンスも文化的混淆としてあります。だとすれば、ヒップホップにおける〈リアル／フェイク〉というのは、必ずしも〈本質／非 - 本質〉という軸ではとらえきれないと思います。むしろ〈フェイク〉な様式に、生身の身体が絡んでいくような営み、そのような絶え間ない運動や躍動に目を向けるべきではないか。学校なんて〈フェイク〉な様式ばかりです。みんな気が進まないことをやらされているんだから。でも、だからこそ学校は、そのような運動が発見されうると感じます。

教員として学校に来て最初に思ったのが、こんなに音楽が鳴っている場所は他にないなということでした。ダンス部の他にも、吹奏楽部や合唱部、軽音楽部がいて、どこかしらで絶えず音楽が鳴っている。部活の応援でも歌っていますしね。吹奏楽部なんていろんな曲を独自のアレンジでやっていて、それは作者不在の集団的な営みという点で、柳田國男*的な民謡に肉薄しているとも言える。毎日のようにみんなで音楽を奏でているなんて、学校とはなんとラディカルな場所だろうと衝撃を受けました。

鳥羽　僕は高校時代、吹奏楽部でした。授業はまともに受けなかったけど、部活は休まず参加していて、そこはまさに学校内のアジール（避難所）でした。部活では、ただ演奏するだけでなく、編曲なども担当していて、当時の持て余したエネルギーのすべてをそこに注いでいました。音楽は身体的な営みであり、意図せずとも場の閉塞状態を突破してしまうところがある。矢野さんが、学校内の音楽を発火点に『学校するからだ』を書かれたと

＊柳田國男
一八七五年生まれ。民俗学者。「日本人とは何か」という問いの答えを求め、日本列島や当時の日本領外地を調査旅行した。日本民俗学の開拓者であり、多数の著作は今日まで読まれている。著作は『遠野物語』など多数。文化功労者、文化勲章受章。一九六二年歿。

思うと非常に腑に落ちます。

矢野　西加奈子さんの『円卓』*という小学校を舞台にした小説があるのですが、そこでは作中人物たちの性質や属性が「リズム」の違いとして描かれています。不整脈を持つ人物について「心臓の脈打つリズムが違う」と語られていたり、吃音《きつおん》を持つ人物について「リズムに拍車がかかる」といった表現がされていたり。

つまり、この作品では学校がポリリズミック*にとらえられているんですよね。それは素晴らしいと思いました。確かに音楽の比喩で学校のことをとらえられるぞ、と。この場所にはいろんな足音が鳴っていて、いろんな声が発せられていて、つまりはいろんなリズムがある。では、自分は教員としてどういうリズムで毎日を過ごしているだろう。そう思ったときに、自分の喋《しゃべ》っている言葉は、その意味内容と同じかそれ以上にヴァイブス*で伝わっているのだと思いました。いや、生徒に伝わるというより、生徒と共振しているという感じでしょうか。

日常的な会話一つとっても、言葉だけで伝えられることなんて本当にちょっぴりじゃないですか。文学というのは、そんな不自由さを抱える言葉の可能性を最大限に引き伸ばしていく営みなんだろうなとは思いますが。でも、喋る言葉は、意味だけでなく声質や抑揚やリズム、表情や身振り手振り、その人のキャラクター性などをまとって相手に届いていきます。

鳥羽　ヴァイブスとしての言葉、非意味的言語が人の間でいかに作用するかということは、

＊『円卓』
公団住宅で三つ子の姉と両親、祖父母とともに暮らす「こっこ」こと渦原琴子。偏屈で硬派な孤独に憧れる小学3年生のこっこが、世間の価値観に立ち止まり成長する姿をユーモラスに描く。文春文庫より刊行。

＊ポリリズミック
複数の異なるリズムや拍子が同時進行している音楽。独特のリズム感が生まれる。世界各国の民族音楽にもみられる。

＊ヴァイブス
もともとはVibrationの略語。振動、音をふるわせる、という意味から転じて、気持ちがぞくぞくする、ワクワクする、といった感情の高まりを表現する。

僕にとっても重要な関心事です。

　例えば教室で学びが発動するときに、生徒は先生の言葉の意味的情報だけを受け取っているわけではありません。むしろ、そんなものは切れ端にすぎない。矢野さんが学校にリズムがあることを見出したのは、矢野さん自身が楽器でいう共振体のようなものを身体に携えているからでしょうね。学校のリズムに矢野さんが共振し、そして矢野さんのリズムに共振して教室も鳴っているんでしょうね。

先生の言葉には嘘が混じっている

矢野　先ほどの話に戻ると、学校に対しては「社会性と非社会性の間にある営み」の可能性を見ているのですが、とはいえ、そこに迷いがないわけではありません。僕が考えているようなことは、歴史的に見れば私塾が担っていたものです。だとすれば、塾をやったほうが合ってるんじゃないかというのは、ときどき考えます。
鳥羽　僕も、矢野さんにそのことを尋ねようと思っていました。私塾的なものはやらないんですか。
矢野　迷いますね。仕事を変えるほどの度胸がないというのもあるんですが、学校がまだ不自由だからこそ、そこに踏みとどまろうという気持ちもある。そもそも塾というものに通ったことがないから、うまくイメージできていないのかもしれません。

鳥羽　矢野さんの問題意識と重なるかわかりませんが、僕が塾をやってよかったと思うのは、「経営」を学べたことです。僕自身が学校に対して抱いてきた疑念への反抗として、塾はとても性に合っていましたが、それ以上に経営という非常に人間臭い営みを経験できたことがよかった。

矢野　なるほど、経営ですか。確かに教員は経営マインドから遠い存在とも言えますね。

鳥羽　経営は潔癖ではやっていけません。自覚的に嘘をつくことが必要です。そうやって嘘で調整していくところに人間の尊厳を感じるんです。はっきり嘘というとちょっと物騒ですが。

これは、もちろん裏帳簿のような話ではありませんよ。うちの会社は、税務調査官に「もっと節税したほうがいい」とアドバイスされるほど、お金に関してマジメです。それでも、不正以前の話として、金勘定には嘘というか、欺瞞《ぎまん》が付きものです。提供する授業を値付けして、家庭から授業料を徴収するわけですが、「授業料」に究極的な根拠はないですよね。それを納得してもらう必要があって、論理を超越した説得の言葉が必要になる。僕からすれば、それはある種の「嘘」なんです。

また、広告的な話で言えば、塾の内容を案内する際には、百パーセント正直な情報開示はせずに、ある程度見栄えのいい見せ方をしますよね。そんなことは当たり前じゃないかと言われるかもしれませんが、そういう細かいところに嘘が遍在していることを僕はいちいち気にするわけです。そして、その嘘を自覚し、それを潤滑油にしてあらゆる調整を図りながら経営を持続する。その営み自体がすごく人間臭いなと思うんです。

矢野　その視点はすごく重要ですね。確かに教育はそういう嘘に無自覚です。教育に対しては「生徒がお客様になってはいけない」「教育を市場にゆだねてはいけない」という紋切り型の批判があります。言おうとしていることはわかりますが、一方で「いや、商売だよな」とも思うんです。

教育は市場の視線に晒されてもいいと思っています。大きな視点でいうと、そもそも教育機関が公的に守られたとき教員が権威性と官僚性をまとってしまった。それを避けるために教育が民間に開かれた、という経緯があります。ここには一定の妥当性もあるでしょう。なんら専門性を持たないどこかの企業の社長がいきなり校長先生になるのはどうかと思いますが、経営の感覚そのものを否定する気になれません。それを「人間臭い」と表現する鳥羽さんの感覚も良いですね。

だいたい、授業というものもある意味では嘘で成り立っています。生徒の出発点は「やりたくないことをやらされる」ですから。みんなの興味ないこと、人生に必要ないかもしれないことを「こんなにも大切なんだよ」という態度で教えるのは、それ自体だまくらかしているような感触がある。『男はつらいよ』の寅さんが啖呵売《たんかばい》で粗品を売りつけるのと同じですね。

ただ、その嘘の責任は全力で取るから、という気持ちで授業をしていることも確かです。大学の大教室で講義をする先生が、「三百人の学生で一人でも響く人がいればいい」と言っているのをテレビで観たことがありますが、三百分の一で満足だなんてぬるいことを言っているなと思ってしまいました。このあたりは、教育に市場の論理を持ち込んでいると自覚しています。

鳥羽　それでいいと思ってる人間は、少なくとも「先生」ではないですよね。

僕は、「一斉授業」という言い方を認めていないんです。一対一でも、一対三十でも、僕は一人ひとりの生徒と向き合っているから。目の前に30人いても「僕は○○くんに喋ってるんだよ。○○くんがいま話を聞いていなかったからびっくりしちゃうんだけど、どういうこと？」と子どもにも一対一の関係であることを求めます。あくまで一対一が同時に複数あるという姿勢でやっているからです。言い換えれば、クラスに「集団」という匿名性を認めないということです。

矢野　なるほど、一対一の関係が複数あるというとらえ方なんですね。

僕が気になるのは、「市場に晒される教育」とか「パフォーマンスとしての教育」といったときに、やたら「中田敦彦の YouTube 大学*」が想像されてしまうことですね。これ、何なんでしょう。中田敦彦のスタイルは、むしろ授業としては保守的なものに映ります。商品としての教育モデルはもっと多様なはずです。ましてや、アメリカのエリートビジネスマンになるための教育ばかり思い浮かべられると話が合わない。教育の市場化を批判する人は、もうちょっと視野を広げてほしいなと思いますね。その人が理想とする教育モデルだって市場化とともに達成される可能性がある。教員はいろんなキャラクターを許

＊中田敦彦の YouTube 大学
タレントの中田敦彦（オリエンタルラジオ）による YouTube チャンネル。二〇一九年の開設以来、登録者数は５３０万人を超える。

容する職業ですから。

鳥羽　いや、本当にそのとおりですね。『学校するからだ』を読んで、学校にもスーパースター先生がたくさんいるじゃん、と驚きましたよ。授業で多様性《ダイバーシティ》なんて能書きを垂れるより、学校にいる教員がそのまま多様であることを知らしめたほうがどれだけおもしろいか。

矢野　「教員という人間は社会に出たことない」という物言いがよくされます。当たっている面もあると思うけど、それはいい意味での変さ、ユニークさ、フリーキーさを許容してくれる職業だということも意味しています。

鳥羽　そこが教職の可能性ですよね。しかしいまは標準化ばかり求められる。

矢野　最近、教員として仕事ができるというのは一体どういうことなんだろうと考えます。僕は模擬授業やペーパーテストを経て教員になりましたが、いまもっぱら苦労しているのは顧問をしているサッカー部でどのようなチームづくりをするか、ということです。そんなこと教員採用試験では問われなかったのに！

社会構造をひっくり返す「ストリートの学び」

鳥羽　「学校」において、身体を通して信頼関係を結んでいくダイナミズムについて、そしてそれが損なわれている現在の学校についてうかがってきました。

冒頭で矢野さんは、「身体的交流」こそが学びを支えるとおっしゃいましたね。

矢野 そうですね。『学校するからだ』ではKRS-One*の「You Must Learn」という楽曲を紹介したんですが、僕にとって学ぶ＝Learnというのはヒップホップの言葉でした。ヒップホップのラジオを聴いていても、いつも歴史を学ぶことの重要性が説かれていました。

鳥羽 Studyではないんですね。

矢野 手元のiTunesで「Study」と検索しても不思議とあまり出てこない。でも「Learn」だとヒップホップの楽曲がいくつかヒットする。日本語ラップでもQ-ILL* feat. NORIKIYO, 山仁の「Learn」という曲なんかがあります。とはいえ、ヒップホップは学んだり勉強したりすることと親和性が高いと思います。その点はロックやパンクと少し異なるのかもしれない。

鳥羽 ヒップホップと学びは、一般的には距離があるものと感じられるでしょうね。

矢野 そうかもしれないですね。ヒップホップにおける学びとして思い浮かぶものに「ストリートワイズ」というものがあります。過酷なストリートを生き抜くためのスキルを学ぶ、という意味合いです。Q-ILLが歌う「Learn」もそういうものでした。こっちのほうが一般的なイメージに近いかもしれません。

でも、KRS-Oneの「You Must Learn」はストリートワイズとも少し違います。アフリカ系アメリカ人である彼は、人種的マイノリティである自分たちが白人中心社会に対して抵抗するために、自分たちのルーツおよび自分たちを抑圧する社会の構造を学ぶことが必

＊ **KRS-One**
ローレンス・パーカー(Lawrence Parker)。一九六五年生まれ。アメリカのラッパー。一九八六年、スコット・ラ・ロックとともにブギ・ダウン・プロダクションズを結成し、ハードコアヒップホップ・社会派ラップの代表格となった。「ティーチャ」という異名を持つ。

＊ **Q-ILL（キューイル）**
町田を拠点とするラッパー。生バンドのサウンドと打ち込みを融合させたジャジーなトラックが特徴的。

要だとラップしているんです。

鳥羽　いかんともしがたい社会構造をひっくり返すための学びですか。

矢野　KRS-One 流の「Learn」にしてもストリートワイズにしても、ヒップホップにおいて学ぶことはそのまま、この社会をサヴァイヴすることに直結しています。「学ぶ」という言葉には、このヒップホップ的な力強さをイメージしますね。

付け加えると、「学ぶことで成長する」みたいな言い方は、近代社会的なモデルに当てはめすぎていて、あまり好きじゃありません。だから、この Learn によってもたらされるものは「成長」ではなく「変容」なんだと言いたい。ではなぜ、人は学びを通して変容していくのか。それは単純に、いまの自分じゃ退屈だからですよね。新しい知識を獲得し、新しい自分になり、新しい景色を見る。その連続が学びだと思います。

鳥羽　よくわかります。いまの矢野さんの話を別角度から理解してみたいんですが、矢野さんは『学校するからだ』で「書くこと」について触れていますね。「言葉にして書くことは自分を創出し、形成する技法なのだ」と。「技法」を強調するのがいかにも矢野さんらしいなと思ったんですけど、矢野さんは「文章を獲得することは、社会で生きていくためのテクニック」とさえ言ってるんです。それは、いま話されていたヒップホップの Learn とつながるなと思いながら聞いていました。

ただ、矢野さんがおもしろいのはその先です。

矢野さんは、言葉の重要性を指摘しながらも、言葉よりも先にある身体に注目を促す。

言葉ありきではなく、身体があってそこから言葉が湧いてくると。ヒップホップで言うとフロウ（FLOW＝流れ）ですよね。フロウが言葉を連れてくる。そのイメージがすごく魅力的だと僕は思うんです。そういうフロウが自然発生する可能性を持っているのが学校なんだと思うと、学校もまだ捨てたもんじゃないなと感じました。

矢野　著者としてはとても嬉しい読解です。まさにそういうことです。ラップのリリックがそうであるように「フロウ」をつかむことで、思ってもみなかった言葉が湧いてくる。すでにある自分の思考に言葉を与えるという一般的なイメージとは真逆で、言葉を生み出すと同時に思考が作り出されていくという感覚です。

鳥羽　リズムという反復性を持った身体同士がかかわり合う空間が学校だと。そうやってフロウに身をゆだねて自分の存在がめくられていくなかで学びが立ち上がり続ける。そういう学びのイメージを想像するのは楽しいです。

矢野　学校は身体的な交流の場ですからね。もちろん知識を獲得することも大事だけれども、身体的な交流のなかでいろんなノイズが入ってくる。それによって生徒たちがどう変容するかわからない。その偶発的な可能性がおもしろいんだよなって思います。

　さっきの監視カメラ問題に引きつけて言うと、ああいう非人称的なテクノロジーによって生徒の行動を抑制することは、変容の機会を奪うことに等しい。もし今後、「学校という場は非人称的なものが隅々まで行き渡る安心安全な空間である」と再定義されることになるのならば、もう学校に未練はなくなる気がします。

「やりたいことがない」への処方箋

鳥羽　変容という言葉が出ましたが、進路にはどんな考えをお持ちですか。学校とは、最後に子どもたちを送り出す場所ですが、矢野さんはどんな進路指導をしていますか。

矢野　卒業間際の生徒たちには、僕自身のことを引き合いに出しながら、「大人が子どもに言わせる「将来の夢」はだいたい職業の話なんだ。でも、人はどんな職業に就いたとしても手放せないものを持つ。夢というのはむしろそういうことではないか」と、そんな話をよくしていますね。

実際、自分の「将来の夢」を振り返ると、マンガ家、サッカー選手、ミュージシャン、ラジオパーソナリティ、ＤＪ……といろいろ変わってきて、そのたびに諦めていました。でも見方を変えるとすべての夢を部分的に叶えているとも言える。教壇に立って喋るのはどこかラジオパーソナリティ的ですし、サッカーは部活でやっていて、イラストの仕事もたまに受けている。

鳥羽　確かに、「将来の夢」を何かの身分に就くことだと勘違いしてる子は多いですね。数年前、僕もかつての教え子から突然、手紙が届いて、慌てて電話したことがあったんです。手紙には、「先生と一緒にあんなにすごい授業*をしたのに、普通の会社員になってしまいます。もう僕の人生は墓場に突っ込むだけです」と。

びっくりしちゃって。その子は音楽が好きで、バンドも組んでいたんですよ。だから夢

＊唐人町寺子屋の高等部にある「高校生対話」授業のこと。学校生活やいじめ、将来の夢や職業といった身近なことから、資本主義経済、生政治、国家といった社会的、形而上学的なことまで、毎週一つのテーマを決めて対話する高校生参加の授業。

を諦めてしまった自分に絶望していると。

でも僕は、「本当に好きなら、その気持ちはちゃんと残るから。そして、何かの拍子で復活するから。そのまま音楽が好きな君のままでいいじゃん。人生はまだまだ終わらないよ」と話したんです。一旦就職したからって墓場なんかじゃないよ、ということは、子どもたちに伝えたい。

矢野 どんな形であれ、好きなことがあって、続けられたらそんな素晴らしいことはないですよ。逆にキツいのが、生徒から「やりたいことも、好きなこともないんです」って言われたときですね。この類いの悩みに対して、ちゃんと答えられたことは一度もない気がします。

鳥羽 そういう子はやりたいことがないんじゃなくて、幼少期の早い段階で好きなことを大人に潰されて、わからなくなってることが大半だと思いますね。

矢野 なるほどなぁ。目の前の生徒にそれを言われると、けっこう悩んでしまいます。そういう生徒は「やりたいこと／好きなこと」を持っている人のことを、ある種の特権的な人間なんだと感じている。映画『桐島、部活やめるってよ』*で東出昌大さん演じる菊池がそういう人だと思います。彼らにもいろいろ趣味らしきものはあるんだけど、しっくりきていないというか、ハマっていない。だから彼は、ラストで理由のない涙を流す。

鳥羽 「そのうち見つかるよ」と言いたくなるけど、そんな保証もないですからね。

僕自身は「好き」よりも違和感や苦手意識で動いてきた人間なので、そういったネガ

＊**『桐島、部活やめるってよ』** 朝井リョウによる青春小説を原作として、二〇一二年に吉田大八監督により映画化。バレー部のキャプテン桐島が部活をやめるという噂が学校中に広がり、生徒たちの間に動揺が走る。

ティブな感情から自分自身を掘っていくのはどう？って提案しますね。自分が否定性の契機でしか動けない人間だったから。

矢野　確かに「やりたい仕事がない」という人に対して、その発想は有効ですよね。進路に悩んでいる生徒に対して「逆に絶対やりたくないことを避けてみたら」とアドバイスすることはあります。とはいえ、「好きなことがない」という根源的な渇望に対する処方箋にはなっていない気はします。

他方で「好き」という気持ちが内発的なものだと思い込んでいるケースもありますよね。そういう場合は、押し付けてみることもあります。「これ、読んでみ」「これ、聴いてみ」と。自分を選んで相談してくれる生徒に対しては、少なからず僕に信頼を寄せてくれていると信じて、ドン！　と外からの一撃を食らわして揺さぶってみます。

鳥羽　昔はそういうことをしてくれるおせっかいな存在がいましたけど、いまはなかなかいませんからね。

それにしても「内発」というのは非常に重要なワードですね。子ども本人の内発を待つだけの大人はあまりにも無力すぎます。あえて子どもを摩擦に晒してみろと。

矢野　「子どもの自主性を尊重する」と、内発性や自主性に期待するケースがしばしば見られますが、あれはよくないなと思います。コミュニケーションを取ることをめんどくさがっているのかとすら思う。

鳥羽　自主性という言葉は本当に意味がわからないですよ。「子どもに自主性なんてあるだろうか？」といつも思ってしまいます。

矢野　純粋な意味での「自主性」はないですよね。似たような言葉ですが、「主体性」という言葉はちょっとおもしろいと思っています。主体＝subjectという有名な議論がありますよね。

ミシェル・フーコーが『性の歴史』の第一巻*で書いていますが、「主体subject」というのは「服従」「臣下」という意味をともなっています。「主体」という概念は、実は外的な（権）力を孕《はら》んでいる。「主体性」という言い方は、そのことに自覚的である点で嫌いではないです。それに比べると「自主性」はあらかじめ自分を想定しすぎている気がする。あるいは、そこに働いている権力を隠蔽している気がする。意志のある自分が自主的に行動するなんて、そんな単純な話ではないですよ。

教育なんていうものに手を染めている以上、権力と無縁だなんてことはありえないはずですが、「自主性」を子どもに求めるとき、大人側は往々にしてそのことを見ないふりしている気がします。そういう人にかぎって、ヘタに子どもが「自主性」を発揮したときに咎《とが》めたりするからタチが悪いですね。

鳥羽　自主性という言葉は大人の責任を子どもに押し付ける感じがしますね。「おまえは自主性がないな」という言い方は、無力な大人の言い訳だと気づいたほうがいい。自由意思に託《かこつ》けた自主性と違って、主体性はコントロールできるような生易しいものじゃない。だからおもしろいんですよね。

***『性の歴史1　知への意志』**
ミシェル・フーコー著。渡辺守章訳。新潮社より一九八六年に日本語版が刊行。

家庭

第3章

家庭の学びは「観察」から

古賀及子《こがちかこ》

エッセイスト。2003年ウェブメディア「デイリーポータルZ」にライターとして参加、2005年同編集部に所属。2018年よりはてなブログで日記の毎日更新を開始、2019年からは同人誌にまとめ頒布も始める。著書に『おくれ毛で風を切れ』『ちょっと踊ったりすぐにかけだす』（素粒社）『気づいたこと、気づかないままのこと』（シカク出版）。高校生の長男と中学生の長女の３人で暮らす。

家庭こそが学びの第一の場

鳥羽　この本では「学び」について現場で深く考え抜いてきた人たちと対話をしています。ここで、エッセイストの古賀及子さんとお話しさせていただくことになりました。

古賀　なんで鳥羽さんが一介の親である私と話したいと思ってくれたのか、恐縮してつかみかねたまま、今日は来ました（笑）。

鳥羽　古賀さんの日記エッセイ*は、家庭における子どもとのかかわりに多くのページが割かれています。こんなことを言うと驚かれるかもしれませんが、僕は正直に言って他人の家庭に興味がないから、いわゆる「家族エッセイ」をおもしろがって読む人間ではありません。

でも、古賀さんの日記は親子や家族を描いているからというより、文章そのものがおもしろい。端的に言ってすごく哲学的なんです。古田徹也*さんが古賀さんの日記の大ファンを公言しているのも頷《うなず》けます。

哲学的な学びが自然発生的に生じているのが古賀さんの家庭であると気づいたときに、ふと思ったんです。これまで大学、中高、塾を含むさまざまな教育機関で子どもを相手に学びを実践する方と話そうとしてきたけど、そういえば家庭こそが第一の学びの場じゃな

＊日記エッセイ
古賀及子氏による、毎日のささやかな出来事を徹底的に観察しユーモアを交えて紡ぐその文章のスタイルは、いわゆるエッセイとは異なる「日記エッセイ」と称される。『ちょっと踊ったりすぐにかけだす』の帯コピーで命名されたことに端を発する。

＊古田徹也
一九七九年、熊本県水俣市生まれ。日本の倫理学者・哲学者。東京大学大学院人文社会系研究科准教授。『言葉の魂の哲学』でサントリー学芸賞受賞。著書に『謝罪論――謝るとは何をすることなのか』『はじめてのウィトゲンシュタイン』など。『このゲームにはゴールがない』の刊行イベントに古賀さんをゲストで呼ぶなどする。

いかと。だから、ここはぜひ古賀さんとお話ししたいなと。

古賀　やっぱり畏れ多いな……。自分では「学び」はまったく意識してないです。むしろ教えてほしいくらい。私は自分の家族しか知らないので、体系的なお話ができるとは思わず……。

鳥羽　「学び」と言ってしまうと目的的な感じがしておもしろくないからですね。

古賀さんの書かれていることは、もっとエキサイティングでかつ情緒もある。古賀さんの日記エッセイと言えば『ちょっと踊ったりすぐにかけだす』*や『おくれ毛で風を切れ』*があります。この二冊、読者の評価も抜群にいいですね。

これはご自身でもおっしゃっていることですが、古賀さんの日記は徹底してメタ視点で綴られているから、読みやすいし、腑に落ちる。僕は「学び」にはメタ、つまり俯瞰して客観的に見ることが土台にあると思っているので、今日はメタ認知の達人である古賀さんならではの話を伺いたいという希望があります。

日記エッセイの悩ましさ

鳥羽　現在はエッセイのジャンルで活躍されていますが、物書きとしてのスタートはライター業なんですよね。

古賀　そうです。「デイリーポータルZ」*というウェブサイトを中心に執筆するライター

＊『ちょっと踊ったりすぐにかけだす』 古賀及子著。素粒社より二〇二三年刊行。「本の雑誌」が選ぶ二〇二三年度上半期エンタテインメント第二位に選出。

＊『おくれ毛で風を切れ』 古賀及子著。素粒社より二〇二四年に刊行。前回未収録作に書き下ろしを含む新たな日記を収めた日記エッセイの第二弾。

＊デイリーポータルZ 二〇〇二年ニフティ株式会社が運営する@niftyのコンテンツとしてスタート。現在では特集記事を中心としたコンテンツサイトとして運営されている。二〇二四年にはデイリーポータルZ株式会社が新規設立され独立した。

でした。家族構成は、私と高校生の長男と中学生の長女ですね。父親は家にはいなくて、遠くに住んでいます。

鳥羽　「どこかの山」に住んでるとか。

古賀　すごく自由な人なんですよね。東京がちょっとしんどくなっちゃって、ある日「山あいの村で暮らしたい」と言い出して。一応「みんな来る?」って誘われたんだけど、私たち三人は東京がいいということで、一人で行きました。

鳥羽　日記を書き始めたときは、お子さんは二人とも小学生でしたよね。

古賀　はい、上の息子が中学に上がるまでのことを書いていました。日記は二〇一八年の秋から毎日書いて「はてなブログ」と「note」にアップしていたんですけど、二〇二〇年の四月から不定期更新にしました。

鳥羽　古賀さんの日記は、子どもとの関係にフォーカスされていて、古賀さん自身の仕事やパーソナルなことについては、あまり触れられていない気がします。

古賀　書き始めた頃は、いちいち全部書いてたんですよ。そうしたら、ある友人から「私とのことは、あんまり書かないでほしいな」と話があって、はっとして。おかげさまで重くとらえて考えるきっかけになりました。家族にはいつでも細かく確認が取れるから、家のことにしぼって書く方針にしました。日記はプライバシーの文学だから、そのあたりはいまも悩んでますね。

鳥羽　二〇二〇年四月に一旦中断したようですが、それはなぜですか。

＊シットコム
シチュエーション・コメディの略。状況設定（シチュエーション）が笑いの要素の軸となっているコメディのこと。

＊『フルハウス』『Full House』
アメリカで制作されたシチュエーション・コメディ（テレビドラマ）。ＡＢＣテ

古賀　それも、子どもたちを書くことへのためらいです。

確認を取るとはいえ、私自身も子どものことを開示していいかどうか、すごく難しい。以降は日記以外の方法で書こうと思ったんですけど、でもやっぱり日常を書くことにやりがいを感じていたので。「日記は私の宿命だよな」と。

鳥羽　お子さんたちのプライバシーを書くことについては、どう折り合いをつけましたか。

古賀　『ちょっと踊ったり』が出るとき、改めて二人にゲラを読んでもらって相談したんです。息子は「これはお母さんの仕事だから、出すっきゃねぇ」と言ってくれて。娘は「これはちょっと恥ずかしい」という箇所をピックアップしてくれて、カットしました。

この経験はマイナスをゼロにする行為のようで、通過してみたら実はすごくおもしろくて有意義でした。二人は、私が切り取った日常が、自分の過ごした時間とは違う様であることを感じてくれたんです。特に息子は、そこに文学の手つきがあることを知ってくれました。現実と作品との間にマジカルなことが起こっていることを理解して、感心したようで、本当に嬉しかったです。

それで、家族のことばかり書いてみて本になったら、「シットコム*みたいだね」という感想をもらったんです。『フルハウス』*とか『フレンズ』*みたいだって。

鳥羽　箱庭的*なドラマ感は確かにありますね。

古賀　そうなんです。図らずも、ドラマ的になって、本当のことなんだけど、フィクション的に読めるようにもなっている。娘は自分の言った言葉を読んで笑っちゃうみたい。

レビで一九八七年から九五年にかけて放送された。妻を事故で亡くした男が男友達に助けられながら子育てをしていく物語。

＊『フレンズ』"Friends"
アメリカNBCで一九九四年から二〇〇四年にかけて放送されたシチュエーション・コメディ（テレビドラマ）。ジェネレーションX世代の登場人物たちが都会的なライフスタイルや友情や恋愛をユーモラスに描く。

＊箱庭的
心理療法の「箱庭」（＝セラピストが砂を入れた箱と玩具を用意し、患者に箱庭作品をつくらせることでその深層心理を読み取り、治療に役立てる技法）より転じて、物語のなかに用意された小さな世界（箱庭）に主人公を入れて変化を描写する表現手法のこと。

感想禁止――感想文より「観察文」を

鳥羽　冒頭でも言いましたが、古賀さんの文章における最大の特徴は、その徹底されたメタ視点です。自分に起こった出来事なんだけど、それを俯瞰で観察して書いている。

古賀さんは日記の書き方について、「感想禁止」とおっしゃいますね。古賀さんは「楽しかった」「美味しかった」といった感想をあえて書かずに、自分が見たり聞いたりした出来事をそのまま書くということを徹底している。そうやって出来事を淡々と描写していくなかで、自分にありあわせの感想を求めてしまう思考から脱却して、自分の知りえないところにすでに浮かんでいる思いをメタに観察できるようになる、と。*

これは、日記に限らず文章の書き方の肝に触れていると感じるし、観察というのは戦略的にそれほどの効果があるのかと驚かされました。

古賀　私としては戦略的に観察しているというよりは、「感想を持つこと」を避けた結果、この書き方になった感じなんです。

鳥羽　どういうことですか。

古賀　何かを「思う」ことに、あんまり興味がないんです。自分の内側から湧き起こる感想に興奮しないんですよね。私が思うとか、思わない、にかかわらず、目の前にすでに何かがあること自体に興奮を覚えると言いますか。

鳥羽　おもしろいなぁ。ちなみに、精神分析*では感情というものをそもそも信用しません。

＊【古賀及子に学ぶ！】おもしろい日記の書き方――無駄づくりの学校（YouTube）

＊**精神分析**
ジークムント・フロイトによって創始された人間心理の理論と治療技法の体系を指す。人間には無意識の領域が存在し、人の行動は無意識に左右されるという仮説に基づき、無意識下に抑圧された感情や記憶が神経症などの精神疾患を引き起こすと考えた。

古賀　感情は信用のおけないものとして扱われているんですか。

鳥羽　そうなんです。精神分析では、感情というのは心の表面であり、むしろより深い真実性に接近しないための擬制だという認識があると思います。*だから、古賀さんが感情を書かない、感想を禁止する、というそのスタンスに共感するんですよね。しかも古賀さんの「感想禁止」は現代社会のなかでは反動的です。子どもたちって学校でやたらと感想文を書かされるでしょう。

古賀　確かに！　跳び箱を跳んでも書かされました。

鳥羽　そうそう。感想文を書くとき、子どもたちは「苦しかった」「大変だった」「悔しかった」「でも学びがあった」みたいな文章を、無理やり絞り出させられる。この訓練が、実は観察から人を遠ざけているんです。観察をしないと、本当の「思い」にはたどり着けないのに。それをせずにありあわせの言葉で済ませることばかりやらされている。

古賀　私も感想文は全然書けなかったなぁ。「感想なんてないよ‼」と苦しんでました。

鳥羽　そう、ないんですよ。だから、子どもたちは大人が求める正解をキャッチして、それに追従できる子が賢いということになってしまう。

古賀　そうやって書いても、自分の本質には全然リーチしないですよね。自分の思いというのは内側からひねり出すんじゃなくて、外の世界をつぶさに観察していくことでつかんでいくんですね。だから、見たままを書いたほうがいい。「思う」と「気づく」は違うんですよ。思っちゃだめ。気づかないといけない。

＊精神分析家ジャック・ラカンの「想像界」の概念を基にした発言。

鳥羽　そこはもうちょっと聞きたいな。「思う」と「気づく」は、どのように違いますか？

古賀　うーん……。感覚的なことなので、言語化するのはとても難しいのですが……。「思う」というのは感情の世界なんだと思うんです。要するに「嬉しい」「悲しい」「怒る」の、どれかに自分を当てはめるだけ。それはすでに誰かに用意された言葉ですよね。それに対してリアクションしているだけ。

でも観察をすると、リアクションに至るまでの道筋がわかるようになります。「気づく」のとき、人は比喩的になりますよね。「この感じ○○みたいだな」と。言葉に奥行きと広がりが出て、そうして豊かになる。人の考えていることはもっともっとユニークなのに、感想に押し込めちゃうなんてもったいない。感想文はやめて、「観察文」を書くことをオススメしたいです。

「お母さんらしさ」をトレースする

鳥羽　古賀さんの日記エッセイは「仲のいい家族を描いてます」みたいな感じを漂わせつつ、唐突に「本当に家族って楽しいのか⁉」なんてブッこんでくるから、びっくりするんです（笑）。

古賀　あぁ、それは、私が「家族」というものが、本当に苦手だからですね。家族が楽しいわけない！　ってどこかで思ってるんです。ステレオタイプ*な家族像が嫌いなんです。

***ステレオタイプ**
多くの人に浸透している先入観、思い込み、認識、固定観念、レッテル、偏見、差別などの類型化された観念。アメリカのジャーナリスト、ウォルター・リップマンによって命名。

メディアが描く家族は極端に悲惨か、ハッピーか、どちらかに収まりますよね。ドラマでは家族の葛藤を深刻に描くんだけど、その合間に挟まるCMの家族像はとても温かいものだったりする。テレビを観ていても、そのギャップって酷いなぁと思うんです。

鳥羽　どの家族も、幸福と絶望のあわいを漂っているのに。

古賀　そうそう。人間は、家族というものに対してどこか過剰な期待と裏切りを抱きがちなんじゃないでしょうか。私はそういう風潮には抵抗感があります。もちろん、人と人が一つ屋根の下で一緒に暮らすのはかなりスペシャルなことです。だからこそ、幸せを期待するのは無理もない。

けれど、違う人間同士が暮らしているからこそ、いろんな葛藤や不都合が起こるのは当然なのに、それを無視して幸せだけを描いたり、逆に楽しい瞬間を捨てて不幸だけを見せたりするのは不誠実だなと、ずっと思っています。

現実、どの家族を見てもすごくユニークですよね。父性的なもの、母性的なもの、子どもはこうあるべき、みたいな窮屈な役割には縛られない、個々が独特であることが大事にされるべきなのにな、と。

鳥羽　わかります。僕も「家族の絆」とか言われたらゾッとするタイプです。

古賀　ゾッとしますね。いちばんの嘘って感じがする。

鳥羽　そうそう。だけど、例えばの話ですが、いわゆる母子家庭のご家族にかかわっていると、母親が学習塾や単位制高校の先生である僕に「父性」を求めてくる瞬間は、ときどきあるんです。

なんというか、父性的な役割への期待を内面化している人たちはいるんだなと気づくと、その拠《よ》り所のなさを無碍《むげ》にするのも違うと感じてしまう。その意味ではアンビバレンツな気持ちも抱きます。

旧来の家族観もジェンダーバイアスも早く捨ててしまえよと思う一方で、それらが、ある人たちの現実をつくっている現場を覗いてしまうと、間違っているとは言えなくなる。それどころか、相手の現実に乗って、父性的な役割を部分的に演じている自分に気づいたりする。そういうことを通して、自分も子どもの頃からいまに至るまで、唾棄したいようなバイアスとともに生きてきたんだと改めて気づかされたりもします。

古賀　そうか。役割によって支えられる部分もありますもんね。

鳥羽　うまいことハイブリッドにできたらいいんですが。

古賀　私は母親にしても、役を演じている感覚は常にあります。

フィクションで見てきたような「優しいお母さん」や「ガミガミ言うお母さん」「子どもには興味がなくてドライなお母さん」……。そういういくつかの「お母さん像」をその都度スイッチして、なんとかやりくりしてる感じ。それこそ子どもたちが就学するまでは、母親として子どもに向き合うことが多い分、役割に徹していたなと思います。「古賀及子」がそのまま母になるなんて発想は全然なかった。怖くてとても対峙できないから……。

その意味で、子どもたちが小学校に上がったのはかなり大きな転換点でした。子どもが勝手に学校に行って帰ってくることで、だいぶ手が離れた実感がありました。既定的な母親像が、自分に必要なくなったような気がします。

鳥羽　いまのお話、古賀さんの日記に「私はお母さんらしさを模倣・トレースでやってる な、というのは子どもを持ってからずっと思っている」*と出てきて、とても気になったところですし、僕が古賀及子という書き手にひかれるきっかけになった箇所でもあります。

僕自身の感覚としても、人生の主人公になるというイメージよりも、ドラマトゥルギー的にかりそめの役をこなしてる感じはあります。真の自分らしさなんて追求せずに、時と場に応じて演じ分けることを、うまくいかないのも含めて、おもしろがればいいんじゃないかなという感じです。

『君は君の人生の主役になれ』という本のタイトルに、僕は「主人公」ではなく「主役」という言葉を使いました。それはガチの主人公ではなく、主役という「役柄」でいいんだよ、というメッセージを込めたかったからです。*自分を役柄にしておくことで、キツくなったら一時的に降りることもできるし、誰かに預けることもできますから。そうやって、自分を半分だけ引き受ける感じのリアルがあります。現実をあまり真に受けなくて済む。この意味で、自分がいつも模倣なり演技なりをやっているという自覚はあります。

古賀　そうでしかないんですよね。

一方で、世の中にお母さん像が一つしかないのもしんどいと思うんです。例えば、お母さんは「早く起きなさい！」「宿題やったの？」と子どもに声かけする小うるさい存在

＊『ちょっと踊ったりすぐにかけだす』一七ページより。

＊このことについては文筆家の倉下忠憲氏が書評で詳細に論じている（本の情報サイト Honkure）

だって考えから離れられなくなると、子どもに優しくしたい自分がないがしろにされてしまう。そういう感覚は、多くの親御さんが抱えている気がします。だからいろんな親像を自分のなかに持っておいて、スイッチするのは大切だと思います。

鳥羽　確かに、世の中のお母さん像が貧しすぎる問題というのがありますね。「正しい親」観なんて虚構なのに、どうしてもみんなでそれを目指そうとするところがある。

古賀　子どもを甘やかしちゃいけないとか、厳しく接さなきゃいけないと思い込んでる親は、私が未就学児を育てていた頃はまだ多かったと思います。

児童館で他の親から、「古賀さんは子どもに優しいのね」とよく言われたんです。その言い方が、「それでいいの⁉」とちょっと驚いたような感じで。でも私は友人や同僚と接するときと同じように、子どもに接しているだけだったんですよね。

鳥羽　子どもだからといって、人と接するときの根本的なマナーは変わらないですよね。人の尊厳とはそういうことですから。

古賀　そうそう。なぜその親たちはそう言うのか。多分、自分の子どもに優しく接することにちょっとした恥ずかしさというか、照れがあるんじゃないかなと気づいたんです。

本当はね、みんな優しいお母さん、お父さんで、家に帰ったら心の底から子どもたちをかわいがる瞬間もあるはずなんです。でも日常では、どこかでストッパーがかかってるのかもしれない。そこは、やっぱり固定的な「親らしさ」という役割にとらわれているからなのかもしれません。

鳥羽　「照れ」というのは、かなり重要な気づきですね。親子の間の「照れ」は確かにあって、それが親子関係をややこしくしているところがあります。

古賀　子どもに優しくするのは照れくさいんですよね。だからツンデレになっちゃう。

鳥羽　古賀さんは、日記のなかで子どもに対して照れないですね。娘さんにも、「今日もかわいいね」と平気で言うでしょう。娘さんも「まぁね」と答える。ああいうコミュニケーションを取れる親子は、照れという境地を越えたところで、独特の関係を築いてるんだろうなと感じました。

古賀　私にも照れはあるんだけど、照れてること自体が恥ずかしいというふうに、メタ的にぐるぐる二〜三周して、それはもう言っちゃったほうが恥ずかしくないよな、と行きつきました。

鳥羽　照れてること自体が恥ずかしい、そうなんですよね。そういう恥ずかしさを克服できないままの大人は僕を含めてたくさんいて、でもそれは社会とかかわるうえで、致命的な弱点になりかねないんです。

それにしても、常に自分で自分を観察するようなメタな視点を持つことで、そういう重要な気づきまで生まれるわけですね。古賀さんは、何でもないことのように言いますけど、まさに長年の修行の賜物という感じがします。簡単なことではない。

ます。

鳥羽　『ちょっと踊ったり』には大好きなシーンがたくさんあります。娘さんが夏にクーラーの利いた部屋で、毛布にくるまっているところ。あそこはいいですよね。引用してみます。

息子の冷やした寝室で娘は毛布にくるまってまんがを読んでいた。「暑い日にクーラーですずしくした部屋で毛布にくるまるのは気持ちいい」と言っており、娘の人生は祝福されているなと思った。*

* 『ちょっと踊ったりすぐにかけだす』九六〜九七ページより。

「観察」は裏切らない

古賀　この「娘の人生は祝福されているなと思った」という何気ないコメントが最高ですね。私と息子は、娘の自由さを畏怖しているんです。私も息子も第一子なので、第二子である娘の、倫理を逸脱するような自由さに恐れと憧れを抱いていると言いますか。

鳥羽　本書のテーマ「学び」につながるシーンでいうと、娘さんが宿泊合宿から帰ってきて、感想を語っているところが印象的でした。また、読んでみますね。

娘の旅の感想は、あれが楽しかったよ、これが楽しかったよ、というのではなく、だれだれがこう言って、みんなで笑ったんだとか、感心したんだとか、そういう方向性で、コミュニケーションへの目線を感じる。

朝、起きたらまだあたりの暗い早朝で、でも同室の数人がもう起きていて、みんなで静かにＵＮＯをしたらしく、息子は、そこで朝日をみんなで見たんだとか、そうじゃないところがいいと褒めた。

「朝日をというか、気づいたら外は明るくなってて」「明るくなってて」「それまでつけてた電気を」「電気を」「消した」「消したんだ、消したんだなあ」

息子は満足したようだった。*

＊『ちょっと踊ったりすぐにかけだす』二七七〜二七八ページより。

感想とは言いましたが、娘さんのそれは極めて観察的な言葉なんですね。それだけでも十分素晴らしいんだけど、さらに息子さんが「そこで朝日をみんなで見たんだとか、そうじゃないところがいい」と褒める。この批評は高度ですよ。

古賀　息子は既存の物語には騙されず、独特の情緒を掬《すく》うのだという気概にあふれているところがあって。それで娘の感想にもそういうことを言うのだと思います。

鳥羽　それを家庭のなかでナチュラルにやってるのがヤバい（笑）。やはり学びが発生しまくってる。古賀さんは対談の冒頭で、なぜ私が対談に呼ばれたんだろう？　と言っていましたが、その理由はこういう場面に表れています。古賀及子の「観察」方法が子どもたちの物の見方に好影響を与えていることを感じるからで、そこに深い学びがあることを発見するからです。

古賀　そうか、お話を聞いてなんとなくわかりました。でもこれって、私が彼らに学びを与えようとした結果ではなくて……。

私は、子どもたちがユニークな言動をしたとき、メモをとるんです。彼らは、私がメモをとる様子を見て育っちゃったわけですね。私が、子どものどこをおもしろがるのか、それを彼らは感じとる。親に喜ばれると嬉しいから、ユニークなことをしでかす。ここでいうユニークというのも、親である「私にとって」なんですけど。その営みのなかで、親子はどうしても感性が似ちゃうなとも感じています。

鳥羽　似ちゃうんだけど、古賀さんは自分と似ていない部分こそを、おもしろがりますよね。お子さんたちが、家とは違うところで手に入れた知恵を披露すると、古賀さんはいちいち感動する。家で起こる出来事も、外の世界との出会いも、子どもが出会う偶然をまるごとおもしろがっている。

古賀　確かに。

鳥羽　そこが両方描かれているからおもしろい。家族エッセイの書き手には、子どもを家のなかに、つまり自分の欲望に囲い込もうとする陰湿さを感じさせる人も少なくない。その点、古賀さんの文章はカラッとしている。

古賀　それは意識しています。ねちねちした情念的な文章よりも、カラッとかわいたユーモアを目指したい。

鳥羽　見事に達成されてますよ。古賀さんの本が、家族を描いている日記としては例外的と言えるほどに広く読者の好評を得ているのは、描かれる家族が作者の感情や感想に役すものになっていないからです。

情念とか感情といったものは、いつもその人自身を裏切り、周囲の人たちを振り回す。そして、いわゆる「感想」は手持ちの言葉に一回性の関係と経験を封じ込んでしまい、その瞬間に生起しているものを見えなくしてしまいます。その点、観察は裏切りません。他人を詮索しないし、カテゴライズもしない。

つまり、他人を利用せずに済むんです。他人を利用せずに、というのは「他者である自分」にも適用されます。古賀さんは自身の体調にかかわることもあっけらかんと書くじゃないですか。例えば、「私の体では逆流性食道炎が盛り上がっており*」とか言うでしょう。ここで「盛り上がる」なんて書けるのは、メタ視点のなせるわざです。自分の苦しみや悲惨さを俯瞰するから、読者も負担を感じずに、するすると読めてしまう。そういう装置が細やかに設置されている、行き届いた文章です。

古賀　病気は確かにいやなんだけど、同時にユニークでもあります。子宮頸がんのときも、病気はそれまで知らなかった景色を見せてくれるなと感じました。私自身を「かわいそう」にはしたくなくて、そこはすごくがんばってます。「かわいそうって言うな！」って常に思ってる。

鳥羽　メタ視点は、自己が直面するリアルにワンクッションを挟むことになるので、救われるところはありますよね。

＊『ちょっと踊ったりすぐにかけだす』一六九ページより。

古賀　そうですね。メタ化することで、目の前の出来事に興奮することができる。それを支えに生きてるようなところはありますね。そうじゃないとやっていけない。生《なま》のままじゃかかわっていけないですから。

偏差値、大好きなんです

古賀　鳥羽さんが『おやときどきこども』で「遊びと企て*」について書いていらっしゃったのが印象深いんですが、私は「企て」に関してはけっこうわかりやすくやってきたんですよ。子どもを塾に行かせたり、学習マンガを揃えてみたり、いわゆる「勉強」の環境をめちゃくちゃ整えていて。普通にいう意味での、「勉強ができる」への憧れがすごくあるんですね。

鳥羽　偏差値へのこだわりも書かれていましたね*。

古賀　そうそう。偏差値、大好きなんですよ。

鳥羽　ははは。偏差値大好きなんて言う人、初めて会った。これもメタ化のなせるわざという感じがします。とかいちいち言うと、せっかくの「偏差値大好き」がおもしろくなくなりますね。

この話とつながってきますが、古賀さんがしっかりしているのは、「私、企ててるな」ということに自覚的なところです。古賀さんは、子どもを塾にやっておいて「ではなぜ塾

*美学者・西村清和の著書より引用したうえで、人間が社会とかかわるふるまいのふたつの基本様式として「遊びと企て」を紹介。「企て」とは、その都度ある目的や意図を持ってその実現に向かっていく行動全般のことで、「遊び」とは母親と赤ん坊の「いない、いない、ばあ」のようなそれ自体は目的をともなわない所為を指す。『おやときどきこども』一四九ページにて。

*「私は令和の世にあってなお昭和的な教育思想を一切捨てられず偏差値へのあこがれをたぎらせがちなので」(『ちょっと踊ったりすぐにかけだす』一三七ページ)

にもハマらない。

通ってるのかしら……」と自責してしまう良心的な親もいるんだけど、古賀さんはそっち

に行くんだろう」と改めて考え出すでしょう。考えた挙句に「私のせいで我慢して塾に*

古賀　いや、だってよく通ってるよなぁって思うんですもん（笑）。嫌ならやめたってい

いのに、飽きもせず行っている。なんなら少し楽しそうなくらい。

塾や学校で過ごしている子どもたちのことを想像すると、いじらしいな、って思うんで

す。私の知らないところでも存在している子どもたちのチャーミングさ。

でもこういう感覚って多くの親御さんも、本当は持っていると思うんです。だから運動

会や授業参観になると、奮発して新しいカメラを買ったりするんじゃないかな。親の知ら

ないカルチャーのもとで、学び、遊ぶ子どもたちは愛おしいですね。

鳥羽　そうですね。一方で、ヨソで親とは違う言葉を身につけて別の思考を始めることに

不安を感じてしまう親は一定数います。それどころか、自分の知らないところで子どもが

変わっていくことを悔しがる親さえいますから。

古賀　純粋に怖いんですよね。その気持ちもわかります。私は独特の文化がすごく好きな

んです。それでいうと、受験や塾って、かなり変じゃないですか。独特のカルチャーを子

どもが経験してることに、ちょっと興奮する。

鳥羽　おもしろ（笑）。

古賀　教育という制度はけっこう独特じゃないですか。

＊『ちょっと踊ったりすぐにかけだす』二九九ページ。

鳥羽　まぁ、長年かけてだいぶ倒錯した結果、いまのいびつなシステムがありますからね。やむをえなさ。

古賀　迷走、って感じですよね。でもそういうところが好き。人間の致し方なさというか、

　実は私、システムフェチなんですよ。受験だけじゃなくて、就職活動も変じゃないですか。いざ働いてしまえば、縦横無尽に動ける荒野が広がっているのに、入口のところだけ異様にシステマティックになっている。

　私自身は、受験や就活みたいな通過儀礼をろくにクリアせずに生きてきてしまったので、そのシステムと戯れて、攻略していった人への憧れがすごくあるんです。

鳥羽　なるほど。古賀さんはどちらかというとシステムの外で生きてきたのに、システムのおかしさに注目するのがおもしろいですね。

　僕はふだん人間関係を調整する行為一般のことを「政治」と呼んでいるんですが、政治の力学というのは、職場や家庭といった小さなコミュニティのなかにも確かに存在しています*。でもそれを直視するのはしんどくて気詰まりになりやすいから、多くの人は見ないようにする。なのに、古賀さんはメタ視点があるから、それを飄々《ひょうひょう》と観察してしまう。『ちょっと踊ったり』でも、お菓子やらアイスやらを食べる家族の誰かに、必ず視線が向けられることを「ちいさなおうちに相互監視社会がある*」とか言うでしょう。家族というミニマムな社会に、政治的な営みが起こっていることを敏感に感じ取って、それをそのまま記述してしまう。

＊ミッシェル・フーコーは『安全・領土・人口（コレージュ・ド・フランス講義1977─1978年）』（筑摩書房）において「統治性」の概念を提唱し、権力がどのようにして国家だけでなく、家庭や学校、職場など、広範な社会的関係において機能しているかを示して、権力と政治に関する考え方を説明した。

＊『ちょっと踊ったりすぐにかけだす』一八九ページ。

古賀　自分が体験してこなかったから、ある種、無邪気に政治システムに対して憧れてしまっているところはあります。受験して、就職活動して、大企業に入った人、めちゃくちゃかっこいいと思ってしまう。でもシステムのなかで苦しんでいる人もいるから、あんまりおもしろがってもいけないですよね……。

鳥羽　いや、古賀さんの文章を通して、自分のいる場所は外から見ると案外奇妙でおもしろいかもしれないと知ることは、出来事の渦中にそれを真に受けすぎずに済むという意味で、処方箋にもなりうるわけです。古賀さんの文章にはそういう「真に受けなさ」を読者に学ばせる効果があって、それって実はすごいギフトだと思うんです。

中学受験は地頭競争大会みたい

鳥羽　二人のお子さんは異なる環境の学校に進学されたんですか。

古賀　はい、息子は受験して中高一貫校に入り、娘は公立中学に入りました。

息子は勉強ができたので、小学校低学年の頃には公文式*がかなり進んでいて、「こいつはできるぞ！」と手応えを得て、中学受験することにしたんですよ。小4くらいからは個人経営の塾に通って受験しました。

鳥羽　妹さんは受験しなかったんですか。

古賀　最初はやらせようかなと思ったんですけど、やめました。お兄ちゃんは受験をおも

＊公文式
公文教育研究会が提唱する公文式学習法。またフランチャイズ運営される学習塾の名称。読み・書き、計算、英語力の基礎学力を、自学自習形式で個別に伸ばしていくのが特徴。

しろがっていたんだけど、娘はいわゆる中学受験的な頭の使い方が、小学生の時点では向いてないのがなんとなくわかって、話し合ってやめました。そもそも娘は「近所の子たちがいる学校に行きたい」とも言っていたんで、結果的によかったです。塾だけはおもしろがって、兄と同じ塾に小学校卒業まで通いました。受験もしないのに。

鳥羽　受験した子と、してない子。どちらも良さがある感じですか。

古賀　そう思います。娘は地元の中学に通っているから、近所にたくさん友だちがいるわけですよね。家にいっぱい連れてきてワイワイ過ごしてますね。「がははははは」と盛り上がり、それを見た息子は「山賊の集まりみたいだ」とか言って、ちょっと羨ましそうなんですよ。でも、兄も受験したことは後悔してないみたいで、それはよかったです。

鳥羽　それぞれの子どもに合った選択をされていて、それも俯瞰的に観察できた結果かもしれません。

古賀　息子が受験したことは嬉しかったですよ。やっぱり私、受験がすごく好きなんですよね。中学受験って地頭《じあたま》競争大会みたいで、できる子がピッカピカにきらめく場所だから素敵なんです。

鳥羽　そこをはっきり言えるのが古賀さんの凄みですよ。僕は日ごろ、「地頭」というのは使ってはいけないNGワードに指定していますが、「中学受験は地頭競争」という点は同感です。中受（中学受験）に向いてないのにめちゃくちゃがんばらされている子は、かわいそうですから。

古賀　それは深刻な問題ですよね。子どもの辛さはもちろん、親御さんの悲壮感も笑えない。

中学受験というのは、できる子たちが主役として輝く舞台だと私は思うんです。言ってみれば、歌って踊るアイドルを応援するような感覚で「勉強できてかっこいいー！」ってうっとりするような感じ。

鳥羽　うん。そう言い切ってしまったほうが、むしろ健全です。受験はどうしても勝ち負けの次元でとらえられてしまって「地頭競争とか言っちゃダメですよ」「努力こそ大切なんですから」と、訳知り顔で言われてしまうところがあります。

学歴社会の効力を認めることは、受験に向いてない子はあらかじめヒエラルキーの下位にいると認めることと同義です。だから、学歴社会の価値観を信じる人ほど「誰にでも可能性はあるんだ」と苦し紛れに言いがちだけど、そうじゃない。それは虚偽です。

逆に言えば、学歴社会の価値観だけを信じていない人たちのほうが「勉強ができる子」を傍《はた》から見ておもしろがれるのかもしれない。

古賀　そうそう。スーパーマンを見るのは楽しいじゃないですか。筑駒《つくこま》*に挑戦する男の子たちを「うわぁ！　すげぇ！」って称賛するのと、大谷翔平選手や藤井聡太棋士の活躍をワクワクしながら見ることは同じじゃないかな。息子を通じて超すごい子の存在をかすかに感じられたのは、愉快なことでした。

鳥羽　いやぁ、古賀さんは誰もが言いにくいことをはっきり言ってくれますが、こうやっ

＊筑波大学附属駒場中学・高等学校。

て言っていいんですよ。

古賀　中学受験の得意な子が才能を発揮してる状況を祝福したいですよね。

鳥羽　一方で「うちの子は才能がない……もうダメかも」となってしまう親の気持ちをなんとか変えたいという思いがあります。ヒエラルキーのなかで親同士がマウントをとる世界があって、大人のほうがおかしくなっていますから。それに巻き込まれるように、子どもが否定されてしまう。

「がんばればできる」なんて言説をいまだに信じている人もいるけど、そうとは限りません。もちろん、がんばればある程度できる部分というのはあるでしょう。でも、それはあくまでもその子自身の尺度での話であって、相対的に見た「できる」ではないのです。

古賀　「がんばればできる」を信じてると、かなりしんどいでしょうね。

鳥羽　一方で、受験で傷ついた経験を持つ大人のなかには、「自分の子どもには辛い思いをさせたくない」と、過剰に受験を避けるケースもあります。受験の弊害にばかり言及してきましたが、受験に向いている子もいるわけだし、そういう子たちはガンガンやったらいいんです。

古賀　あぁ、自分が苦しかったからこそ、子どもに同じ思いはさせたくないという人はいますね。

鳥羽　大人が過去の傷をなぞるような子育てをすると、だいたい間違えます。

子育てをするときに必要なのは、過去の自分を参照することじゃなくて、目の前の子どもをちゃんと見ることです。自分が参照元なんて、世界が狭すぎます。目の前の子どもに最適化した教育を授けるのは簡単なことではありません。出会いの運もありますし、何より子どもが日々変化するから、変化する子どもに対する常に最適化された教育というのを想定すること自体に無理がありそうです。

だけど、目の前の子どもを観察していれば、ある程度はわかってくる。古賀さんも、息子さんには中学受験が合ってると考え、娘さんにはまた別の選択をすることができたわけですから。

大人の社会は学校後遺症でできている

古賀　鳥羽さんは「親のちゃんとしたさ」「子どものちゃんとできなさ」を徹底的にケアしていらっしゃって、そこにいつも感銘を受けています。

親が「やれ」と言っても、子どもはできない。そこで「どうしたらやれるようになるのか」ではなくて、子どものできなさを受け入れながら、自信を失った彼らを回復させてあげようとしていらっしゃる。

鳥羽　「できない」という見立て自体を疑ってみようというところからですね。「うちの子はやる気がない」や「成績が伸びない」という言葉は、いろんな親から聞いてきたけど、そういう定型文に逃げてるうちは全然子どもが見えていない。まずは親自身が自分の言葉で喋らなくちゃいけない。そういう話はずっと書いてますね。

古賀　「テストが解けなくても、（子どもが）自分を否定せずに済む社会のことを私はずっと考えてる」*とも書いていましたね。

鳥羽　子どもが苦手なことを無理やりやらされて「自分はダメな人間だ」と自己否定を募らせるシステムに対しては、常に憤っています。

　子どもの頃に受けた傷は、大人が考えている以上に重い十字架になります。大人を見ていても、子どものときに植えつけられた自己否定感をそのまま抱えている人はとても多い。卑近な例でいうと、体育や音楽が苦手だという感覚にとらわれてしまって、からだを動かす喜びや、音楽を楽しむ感覚が理解できないまま生きている、といったようなことです。

古賀　あぁ、そういうレベルから考えると、子どもの頃の傷は人生を決めるといってもいいかもしれない。

鳥羽　本当にそうなんですよね。古賀さんも本のなかで「ギターが弾けないとき、いつも同時に私は英語が喋れないなと思う」「なぜだろう、ギターが弾けないことに、英語と水泳のできなさの事実も宿っている感覚がある」*と書いていましたね。それを読んだとき、苦手意識が積み重なっていくイメージが頭にふわっと浮かびました。

古賀　できなさが積み重なって、テトリス*やぷよぷよ*みたいにゲームオーバーになるような感じ。

鳥羽　大人は意図しないところで、子どものときの「苦手」の記憶を反復しながら生きて

＊『おやときどきこども』一五六ページ。

＊『ちょっと踊ったりすぐにかけだす』二五一ページ。

＊テトリス　ソビエト連邦のコンピュータ科学者アレクセイ・パジトノフが一九八四年に考案したコンピュータ・ゲームの商品名。落ち物パズルの元祖と呼ばれている。

＊ぷよぷよ　コンパイルが開発し、一九九一年徳間書店インターメディアから発売された落ち物パズルゲーム。主人公「アルル・ナジャ」をはじめとするキャラクターはRPG『魔導物語』より転用された。

いいます。大人の社会は、学校時代の規範や価値観の後遺症で形づくられていると言ってもいい。私自身もその後遺症から回復できていない自覚があります。人間は楽しい経験だけでなく、ネガティブな経験すら反復してしまう。そして反復を通して主体化し、安心していく。

古賀　反復することでアイデンティティができるという部分はあるでしょうね。

鳥羽　人は否定的な経験を反復し、そういうネガティブな反復さえも生きる支えにしてしまう。どうせ反復するなら、もうちょっと気持ちいいものがいいんですけど。この意味で、大人たちも、全然、無事に生きていない。

古賀　みんな本当に傷ついてますね。大人になってもみんな学校の話をするじゃないですか。偏差値の話とかずっとしている。ずっとずっと傷ついてきて、その傷を内面化している。

鳥羽　その傷はある程度喋りあって開示したほうが回復していくんじゃないかと思いますね。抑え込んだまま生きてる人ばかりで、フラストレーションを子どもに向けて放出する親も多い。というか、子どもが抱える問題の多くは、親の傷が元です。親が自分の問題を転移*するけど、子どもはそれをメタ化してとらえることなんてできないから、モロに影響を受けてしまいます。

古賀　親自身が子どものときに言われた言葉を、自分の子どもに返している。「マジメにやれ」って言われても子どもはできないのに。

＊転移
精神分析のプロセスのなかで、過去に生じた感情や対人関係のパターンがクライエントとセラピストとの間で現れてくる現象。クライエントが過去に両親に向けた感情が想起されたり、関係性が反復されたりする。フロイトがクライエントの治療を通して明らかにした。

鳥羽　マジメというのは、意志というより習慣だから。大人は長く生きた分、マジメを習慣化する傾向が強まっているだけです。

古賀　子どもって野性的な生きものですよね。大人は生き慣れているというか、生活がルーティーンになっているから、生活のサイクルを惰性で回していけるけど、子どもはそういうルーティーンに慣れてなくてガチャガチャしている。そこを「大人に合わせろ」と頭ごなしに怒られても意志の力では変われません。

鳥羽　「子どもが生き慣れてない」というのは、とても大切な視点ですね。子どもは好奇心旺盛で何にでも興味を持つ、と思われがちですけど、そんなことはない。子どもは臆病で保守的ですよ。未知のことが怖くてしょうがない。

古賀　そうですね。子どもに好奇心なんかない。

鳥羽　「学び」を考えるうえでも、「子どもに好奇心はない」という認識からスタートしたほうがいい。新しいことを吸収するのは大人でも怖いじゃないですか。だから子どもは新しい学びから逃げるのが基本なんです。

古賀　新しいことを知るのはすごく怖いことですもんね。

鳥羽　古賀さんは日記のなかで「私は、子どもの内心というのは暗いものだと思っている*」と書いてますね。この記述には、新しいものに出会う恐怖も混ざっていると思うんですが、いかがですか。

古賀　おっしゃるとおりです。子どもの頃はすべてが怖かった。そもそも、からだが日々

＊『ちょっと踊ったりすぐにかけだす』二五四ページ。

成長していくのは大変なことです。不確定なからだで生きていくわけですから。

鳥羽　子どものからだというのは本当に流動的です。

古賀　ぬるぬるっとしていて液体っぽい。しかも子どもの一日は本当に長くて、全然終わらない。時間がはてしなく長く感じますよね。そりゃ辛いですよ。

鳥羽　そういう感覚って大人になると失っていくものだけど、古賀さんはかなり鮮明に書いていますね。

古賀　私も子どもを持つ前は、少女時代のことはすっかり忘れていたんです。でも子どもを産んで、育てながら、思い出していきました。子どもたちを見ながら、「私は子どもの頃、暗かったな」とあのときの感覚が蘇ってくる。なのに、うちの子どもたちは明るいから、いつもびっくりしてるんですよね。子どもってこんなに明るかったっけ⁉って。だからそこは個人差あるんだろうけど、「子どもは明るい」や「好奇心が強い」というのは、押し付けたくないなとは思います。

日記のトレーニングでメタ視点を身につける

鳥羽　話を戻しますが、自分軸の感想を禁止して、観察によって新しい回路を生み出していくこと。それが学びなんですよね。本を読むときも先生の授業を聴くときも、自分の感想は一旦かっこに入れて「こういうものなんだ」と愚直に読み取っていくことが大切です。

いきなり感想を言おうとすると、「楽しかった」「つまらなかった」で終わっちゃいますから。そこは一旦我慢が必要なんです。

古賀　感想をかっこに入れて文章や言説を受け取ることは大切だし、それは意識しないと身につかないよなって思います。私の書いた文章も、すぐに我がこととして感想を言う人がいて、それも感想をカッコに入れないで読まれたからなのかな、と感じることはよくあって。

鳥羽　ＳＮＳに氾濫する言葉のほとんどは自分語りですね。何を読んでも自分の話をしてしまう。一種の現代病と言える。

古賀　すべての言葉が自分に向けられていると勘違いしちゃってる人はいて、極端な場合は、本当に精神的にマズい方向にもいきかねなくて、それは心配ですね。

鳥羽　そうなんですよ。だから「感想禁止が学びの秘訣」ということは広めていったほうがいい。それは子どもと接するときのヒントになるだけではなくて、自分自身を見つめるときの助けにもなります。

ちなみに古賀さんのメタ視点は、子どもの頃から備わっていましたか。

古賀　大人になって、仕事で文章を書くようになってからですね。二十代前半までは客観視ができていなかったです。だからその頃のことを書こうとすると、出来事に対してメタ的な距離が取れてなくて、やや感情的な文章になるきらいがあります。訓練しないと克服できないのかもしれない。

鳥羽　逆に言えば、訓練さえすれば、ある程度はメタ認知を会得できるということでもある。それは希望ですね。もちろん古賀さんほど熟達するには、相当な鍛錬が必要でしょうが。

古賀　やっぱり日記がいいトレーニングになったなと思います。日記は観察文学なので。

鳥羽　なるほど。そういえば古賀さんは武田百合子*の『富士日記』がお好きだと言っていますが、あの作品の描写もかなりメタ化されてますね。良質な日記文学を読んできた経験も生きてるのかな。

古賀　『富士日記』は本当に好きで何度も読み返しました。*あの本に、日記観を規定された部分はあります。武田百合子も、あった出来事を徹底的にそのまま書く。

鳥羽　「5分の出来事を二百字で書こう」のように具体的なアドバイスもされていますね。

古賀　一日のすべてを高濃度で書くなんていきなりできることじゃないから、フォーカスをしぼって、一瞬の出来事を描写するというのは訓練になります。印象的だったことだけをつぶさに観察して書くのは、ラクだから書き続けられますし。

鳥羽　ちょっと広げて考えてみると、「子どもを見る」ときも、すべてを見ようとしなくていいってことですよね。一日5分だけでも集中して見れば、わかることはいっぱいある。子どもの一挙手一投足を見逃さないなんて不可能だし、そんなことをされたら子どもだって窮屈でしょうがない。

古賀　私は自宅で仕事をすることも多いので、集中していると子どもたちがわあわあ話を

＊武田百合子
一九二五年生まれ。随筆家・小説家。武田泰淳の妻であり、夫の死後に富士山荘での十三年間の夫婦生活を綴った日記『富士日記』を出版、高い評価を受ける。単行本は上下巻で中央公論社より一九七七年に刊行、二〇一九年に中公文庫より新版として上中下巻が刊行されている。一九九三年歿。

＊古賀さんは素粒社のnoteにて「私と『富士日記』」を連載、書籍化を予定している。

してきても、内容が全然頭に入ってこないんですね。生返事をして、ハッと気づくと娘はソファでマンガを読んでいたというように。でも、「もう一度聞かせて」と頼むと快く話してくれます。子どもたちのほうが私の性質を理解して、付き合ってくれている。

鳥羽　付き合ってくれる関係というのはいいですね。まさに現場で関係性が生まれる話で、先の政治の話ともつながります。

親と子は、もう少しちゃんと政治をしたほうがいい。子どもを正しく育てるためには、親の継続した真面目さが必要と考える人も多いのですが、それがむしろ子どもの自由な発達を妨げることになりかねない。親はもっと適当でよくて、子どもだって親は自分勝手に生きてる一人の人間なんだと体得することで、子どもも自分勝手に生きられるようになるんです。最近は「寄り添う」が大事だと言われますけど、寄り添いは距離が近すぎて息が詰まることでもあるわけで。

古賀　わかります。私も勝手に生きてる人の様を見るのが好きです。そういう勝手さを、他人の書いた日記で読むのも楽しい。

鳥羽　僕は古賀さんの本のおかげで日記の可能性に気づかされました。学びのすべては日記に通ずるといっても過言ではない。見たことをそのまま書くトレーニングが、生き方を全面的に変えていきますね。日記は、継続的な革命といっていい。

古賀　よく「日記を書くコツはなんですか?」と聞かれるんですが、自分の生活のユニークネス*を、使い古した言葉を使わずに自分で見つけた言葉で書く。これに尽きると思って

＊ユニークネス
独自性。唯一性。政治哲学者のハンナ・アーレントは公共的な空間においては活動と言論によって人格の唯一性（＝ユニークネス）が表れると述べた。始める、発信する、という行為によって他者の承認を得て初めて、かけがえのない存在として他者とのかかわりの間にある存在意義を認めることができるはずだとする。

います。

自分の文章はおもしろくないという人がいますけど、私たちは一人ひとり絶対にユニークな存在なんです。だからそれをそのまま書くだけ。ワークショップをやっても、みなさん本当におもしろい文章を書かれるので、訓練さえすれば誰でも書けるようになります。

毎日書くのはラクじゃないけれど、書いてみると絶対におもしろいんです。興味がある人には、最近は「無理してください」ってよく言っています（笑）。根性でやる、その価値はあると思います。

思考する力

第4章

世界が変わって見える授業を

井本陽久《いもとはるひさ》

いもいも教室代表主宰／栄光学園数学科講師

1969年生まれ。栄光学園中学高等学校を卒業後、東京大学工学部進学。卒業後は母校である栄光学園の数学科の教員になる。長年、生徒とともに児童養護施設で学習ボランティアを続けている他、フィリピンのセブ島でも公立小学校や施設での学習支援活動を続けている。2019年より思考力教室「いもいも」に軸足を置く。

「正解」を求める勉強には意味がない

鳥羽　井本さんのご活躍は、NHK「プロフェッショナル 仕事の流儀*」や、『いま、ここで輝く。*』を通して知っていたので、お話しできるのがとても楽しみでした。井本さんはもともと進学校である栄光学園*で教師をされていたんですよね。

井本　そうです。僕自身、栄光の卒業生です。東京大学に毎年50〜60人（学年の三分の一）が進学するような、いわゆる有名進学校ですね。

鳥羽　そんな進学校の栄光学園にいた井本さんが、最近になって「いもいも教室*」という小中学生を対象とする思考力教室を開校された。これは、どういうきっかけがあったんですか。

井本　実は、流れに逆らわずに来たら、ここにたどりついたという感じなんです。計画したわけでも、狙ったわけでもありません。独立を決めたときも、たまたま大学時代の先輩が「俺が全部やるよ」とボランティアでチームをつくってくれました。あまりにできすぎた流れでずっときているので、きっと「これをやりなさい！」と人生から言われているんだと思って、このまま流れに任せてやっていこうと思っています。

鳥羽　「流れに逆らわず」というのはよくわかる気がします。僕も同じように「流れに逆

*NHK「プロフェッショナル 仕事の流儀」「答えは、子どもの中に〜数学教師・井本陽久〜」と題して、二〇二〇年一月七日に放送された。

*『いま、ここで輝く。——**超進学校を飛び出したカリスマ教師「イモニイ」と奇跡の教室**』
エッセンシャル出版社にて、二〇一九年刊行。教育ジャーナリストのおおたとしまさ氏が井本陽久氏に密着し書いたルポ。

***栄光学園**
神奈川県鎌倉市にある私立男子中学校・高等学校。一九四七年に開校。イエズス会を運営母体とするミッションスクール。「神奈川御三家」と呼ばれるなど進学校としても名高い。

らわず」やってきた自覚があります。院生のときに、学費を稼ぐために塾を始めたらそれが仕事になりました。途中で教室内に単位制高校ができたり、一階に書店ができたりしたのも、流れでここまで来たなという実感です。

井本　そうですか。「いもいも」*はスタッフ7人のうち5人が栄光出身です。「いもいも」のルーツには栄光の文化があると思っています。それは端的にいうと「はみ出し者でも自分のままでいられる場所」。だから「いもいも」には不登校の子や変わり者がたくさんいるんじゃないかな。

鳥羽　井本さんご自身はどんな子どもだったんですか。やっぱり変わり者のはみ出し者？

井本　確かに変わった子ではあったんですが、中高六年間は学校が要求する勉強をきちんとしていました。

鳥羽　いまのお姿からすると、それは意外ですね（笑）。

井本　でしょ？　でも、誰よりも学校で型にはまった勉強をやったからこそ、いかに学校の勉強に意味がないかを身に沁みてわかったところがあります。

鳥羽　「意味がない」と言い切りますか。

井本　はい。求められたことを「できる」ようにする勉強って、どんなにマジメにやっても、求められた以上のところまでは踏み込もうとしないんですよ。受験勉強が典型ですよね。でも実際には、求められてないのに気になって踏み込んでしまうところから自分を拠り所にした学びが始まる。僕は身をもって「型にはまった」勉強の無意味さを知ることが

***いもいも**
井本陽久氏が主宰する塾で、小中学生・高校生・大学生・大人向けと多様なクラスが展開されている。「いもいも教室」「数理ゼミ」「森の教室」「いもいもデイスクール」「思考力ゼミ」など。

*鳥羽氏の教室については二五四ページの組織図を参照のこと。

できたので、おかげで若いうちから「本当の学びとは何なのか」に向き合いながら、試行錯誤して、自分なりの授業をデザインしていくことができたと思っています。

「できる・できない」の学びには自分がいない

鳥羽　そもそも中高生の頃の井本少年は、なぜ学校の要求する勉強を徹底的にやっていたんでしょう。

井本　そこは天啓としか言いようがありません。「勉強しよう！」と決めた日のことはよく覚えています。中1の二学期ですよ。階段を上ってるとき突然、「今日から俺、めっちゃ勉強する！」と決意して、それから六年間勉強ばかり。モチベーションは受験まで続いて、終わったとたんに全部消えたんですよね。あの天啓は、僕が教員になるために降りてきたのかもしれない。

鳥羽　選ばれし者ですね。「学校の勉強には意味がない」という言葉の真意をもう少し聞きたいです。というのも、僕は学校のカリキュラムはある程度よくできてると思っていて。やり玉に挙がりやすい「丸暗記」の勉強を含め、無意味ではないという立場なんです。

井本　そうか。確かに自分の興味のあることを学ぶうえでは有用な面もあるとは思います。でも問題なのは、学校では「できる／できない」で評価するというところです。「できる」ことが評価されるのであれば、子どもたちは評価されたいので「できよう」とします。すると、自分のやり方、考え方でやるのは損だと思うようになります。なぜなら、自分のやり方でやるとは試行錯誤、つまり何度も失敗をすることを前提にしているからです。つまり「できる」ことを評価すればするほど、子どもたちは学びにおいて自分を封じることを「学ぶ」わけです。その証拠に、テストで正解を導くやり方がわかっているのに、あえて「自分は別のやり方でやってみよう」なんて思う子はほぼいないですよね。

学んだ解法に沿って正解を導くのではなく、いまある自分の手持ちでなんとかする。そうして自分なりの道をたどっていくなかで、気づかぬうちにいろんなことが身についていく。それこそが本当の学びだし、勉強としても楽しい！　たとえ一生懸命、自分なりに思考した結果、間違ってしまっても、むしろ子どもたちはそこからたくさんのことを学んでいきます。一方で教えられたことは身につかないんです。

鳥羽　井本さんが「子どもたちを、ぷるっとさせたい」[*]というのは、そういう意味ですか？

井本　そうそう。自分の頭で考えて、「自分にはこんな考え方ができたのか！」と驚いたり、他の子の解答を見て「こんなふうにも考えられたんだ！」とびっくりするのも「ぷるっとする」ですね。

この前ね、ある小学5年生の親が教えてくれたんです。その子が、「いもいもは自分の知らない自分と出会わせてくれる教室なんだ」と言っていた、と。まさにそれこそ授業を通して僕がやりたかったことだから、十一歳の彼女が言語化してくれたことを嬉しく思いました。

＊井本氏は、教育における最も大切にしたい価値観を「子どもの心を〝ぷるっ〟とさせたい」という独特の表現で発信している。

「ぷるっとする」のは、その子にとって本当の自分と出会えたからですよね。心の奥底に閉じこめていた自分、自分でも忘れていた自分が誰かに受け入れられた瞬間、ふっと心が和らぐ。子どもたちのそんな瞬間に立ち会うことが、僕はたまらなく好きなんです。

でも、こういう話はなかなか通じません。「目の前の子を見よう」と言っても、きれいごとだととらえられてしまいます。でもそうじゃない。とてもリアルなことなんです。

鳥羽　そのリアル、すごくよくわかります。でも一方で、それを目の当たりにしないとイメージもできないという大人たちの感覚も、まぁ理解できる。

井本　僕の授業では、僕の解答は示しません。子どもたちの解答をみんなにシェアして、それも「教材」にしてしまいます。このときにすごいパワーを発揮するのが「誤答」なんです。「なぜこの解答は間違ってるの?」とみんなで考え出すと、自分が無意識に根拠としていたところに焦点を当てることになって、自然とものすごく深い思考に導かれます。僕はどの授業でも、いまここにいるメンバーだからこそできる授業をしたいと思っています。子どもたちには、ありのままの自分がどれだけ人の心を動かすのかを授業を通して感じ取ってもらいたい。だから、「できる／できない」は本当にどうでもいいんです。

プロセスにその子らしさがにじむ

鳥羽　僕は「国数社理英」の5科目を全部教えてるんですが、専門をあえて一つ挙げれば国語になります。国語では論説文を扱います。論説文というのは主に批評であり、批評というのは基本的に常識に対する逆張りが書かれています。常識的なことを書いても批評になりませんから。

つまり、論説文を子どもたちと共有して読み込むだけで、常識的な規範性から離れて、自分がいま置かれている布置について、さらに自己疎外*について考えるということが可能です。その延長で、「自分であること」「自分で考えること」の意味を自ずと共有することができるんですが、井本さんのように、数学の授業で「本当の自分」のような自己存在について考えることができるとは思い至りませんでした。井本さんの取り組みでまず驚かされるのはその点です。

一方で、授業というのは、なかなか一筋縄ではいかない時間です。僕たちの塾は入塾テストがないので、一部の授業については同じ教室に偏差値でいうと30〜70以上の子が混在しています。だから、彼ら一人ひとりが同じくらい手応えを感じながら勉強できているのかということについては、いつも全力で考えています。自分なりにはある程度やれているつもりですが。しかし、僕自身、国語と同じくらい数学を教える時間が長いので実感することですが、この点については、特に数学という科目は難しいと感じています。

井本　確かに難しさはありますね。その点でいうと、僕は授業前のプリントづくりを大事にしています。問題の答えとは別に、子どもたちの「誤答」をまとめたプリントをつくるんですが、そのときに全員の顔を思い浮かべるんです。すると授業の際にも、一人ひとり

***自己疎外**
人間の個性や人格が社会関係のなかに埋没して主体性を失った結果、他人に対してだけでなく自分自身に対してさえも疎遠な感覚を持ってとらわれてしまう状態。ヘーゲル哲学では、ある存在が自己にとって疎遠な他者となること。またマルクス哲学で、資本主義のもとでの人間の非本来的状態を指す。

と向き合うことができて、誰一人、取りこぼさないで済む。

鳥羽　なるほど。一人ひとりを思い浮かべながらプリントをつくるところは僕も同じです。教材はそのときのメンバーによって変わってしまうものですよね。

井本さんの授業について補足すると、井本さんは「なぜ子どもたちは数学の証明問題をつまらないと思うのか？」という問いを掲げていますね。そこで、二つの理由を挙げていました。その一つが、どのように、何を、どこまで説明すれば証明したことになるのか、よくわからないということ。そしてもう一つが、考えていることを言葉にすることのハードルはただでさえ高いのに、記述の仕方についてケチをつけられること。その二つの課題をクリアするために井本さんは記号を使った、と。

井本　確かにそうですね。でも、それも子どもの提案で始めたことなんです。僕がまだ二十代後半の頃、ある生徒が黒板に証明を書きながら聞くんです。

「いちいち言葉で書くのめんどくさいから、記号を振っていい？」

それで「いいよ。じゃあ僕が記号を振るよ」とやってみたら、すごくよかった。

「『け』を使えばあとは『か』と『く』でできるじゃん！」

といったように明確に根拠を押さえつつ、思考のスピードを落とさずに考えることができる。いくつかのものを同時に俯瞰して考えるには、思考のスピードが大事なんです。一方、言葉にするという作業は、わざわざ思考の速度を落とす行為なので、気持ちよく考えている子どもからすれば、とても不自然な行為です。だから、それを子どもたちは「めんどくさい」と表現するんです。

いまの授業のデザインは、僕が考えた結果じゃなくて、教室で子どもたちとやりあって、生まれていったものです。僕がやったことがあるとすれば、目の前の子どもたちがもっとおもしろがれるように「整える」ことだけ。

先ほど話したように、僕の授業は生徒たちの正答・誤答をプリントにして進めているので、一つの問題に対していくつもの解答が示されています。以前、ある予備校の先生が僕の授業プリントを見て、「子どもたちから、どうやって別解を引き出すんですか？」と聞いてきたんですよ。僕にはその質問の意図がよく理解できなかった。なぜなら、別解や誤答はこちらが意図して引き出したわけではないからです。

一人ひとりの解答を全部、僕が直接見て、みんなにシェアすることを地道に繰り返していたら、自然と彼らがいろんな解答を出してくれるようになった。僕が結果ではなくプロセスを大切にしていたら、彼らもプロセスを楽しむようになった。ただそれだけなんです。「正解」を出すためには自分を消さなきゃいけない。でも、本当に大事なのは考えるプロセスです。プロセスにこそ、自分自身がある。子どもたちは、誤答であっても、それが他の子たちの心を動かせば嬉しい。僕はその瞬間のためだったら、いくらでも準備をがんばることができる。

鳥羽　わかるなぁ。とはいえ、栄光学園は上位進学校ですよね。親御さんからの意見はなかったですか？　しっかり受験対策をやってくれよ、とか。

井本　幸いほとんどなかったですね。僕は宿題のことを「お土産」と呼んでいるんですが、保護者からは「うちの子がお土産に熱中して寝ないんですけど、どうすればいいですか?」って相談を受けたことはあります。数学に熱中してる子どもの姿を見て、親も納得してくれたんじゃないかな。

鳥羽　授業という現場で「学び」が発生し、それが家に持ち込まれて、親にまで刺激を与えているとしたら素晴らしいことです。

井本　僕の授業は、これからの将来に必要なことを教えようとはしていないんです。「できる／できない」さえもどうでもいい。「学び」というのは、これまでなんとも思っていなかったそのまったく同じものが、あるきっかけで全然違って見えるようになるということです。例えば、あるものに対してコンプレックスを持っていた子がいる。その子が、あるきっかけでそれが自分の強みだと気づいたりする。自分を見る視点が変わることで、見える世界が変わってくる。その過程にあるのが「学び」なんです。何かをできるようにしたいわけじゃないんです。特別なものを身につけなくてもいい。ただ世界が変わって見える。僕はそれをやりたいんです。

鳥羽　ただ世界が変わって見える、それが「学び」である。深く同意します。

「将来への備え」という現代病

井本　そうは言っても、進学校では難しい面もあります。学歴そのものに本質的な価値はないとわかってはいても、本質的な勉強を選び取るのはなかなかできることではありません。このままがんばれば、いわゆる「良い学校」に進める保証を手にしながら、それを手放すのって、すごく怖いことなんですよ。本人はもちろん保護者も同じです。その点では、例えば不登校の子はそこから離れてしまっている分、社会的な価値をすでに手放してるから、ある種、自立をしてるんです。

鳥羽　確かに、それは感じることが多いです。不登校の子は、担任や友達との不和から行きたいのに行けないケースもあれば、学校つまんないやと積極的に行かないことを選んだ子もいます。後者は特に、社会規範を手放してしまった強さを感じることが多々あります。かえって、学校にちゃんと適応しているように見える子のなかに苦しさを見出すことはありますよね。

井本　そうですね。進学校のマジメな子は、通俗的な価値基準を捨てられなくて苦しんでるケースが多いと思います。そういう子はおそらく受験をやめられない。「いもいも」に通う生徒の保護者にこう言われたことがありました。

「栄光学園のお母さんたちは、子どもの将来を心配しないでいいから羨ましいわ」と。

でも、現実は真逆です。

子どもの将来に関しては、むしろ進学校の保護者のほうが苦しんでいる。学歴のような世間的評価を手放すのが怖いからです。「せっかく栄光に入ったのに『自分だけの学び』なんてやっていていいのか？」とためらってしまう。子どもも身動きが取れなくなって、受験のための勉強しかできなくなる。

そこで可能性を持つのが塾だと僕は思ってるんですよ。塾は受験に特化していると思われているけれど、そういうところばかりではない。覚悟さえ持てば、学校よりも自由度の高い、思い切った学びができる。だからこそ、塾の先生が子どもを救える可能性はかなりあると思っています。

鳥羽　まさに塾には学力を伸ばすと同時に、そういう役割があると僕も思います。ちなみに僕は受験に対しては、子どもたちに「本気だけど半笑いで」というスタンスを取ることを意識させています。一生懸命にやるんだけど、一方で「こんなの人生の本番なんかじゃないからね」「勉強ができるからエラいわけではないよ」って。そういうメタ視点を手に入れた勉強熱心な子たちが勉強をやらなくなるかと言えばまったくそうじゃない。それもおもしろいところで。

でも、いくら「半笑いで」と言ったところで、そんな言い分が通じない熱心すぎる親というのは一定数いて、そのプレッシャーに子どもは潰されてしまう。もう、ひとたまりもないですよ。受験前になると、件名に「鳥羽先生、助けてください」という件名のメールが届くようになります。件名を見るたびに心臓が縮み上がります。本人ではなくお母さんを落ち着かせるためのケアをすることは珍しくありません。それは仕事外のことと言われそうですが、お母さんが落ち着かないと本人がダメになっちゃうから仕方がないですよね。

井本　いやぁ、大変だなぁ。

鳥羽　なぜ親がそんなに不安になるかと言えば、自分自身が勉強というものをよくわかっていなくて自信がないからでしょうね。わかっている親はもうちょっと余裕がある。でも、「あなたは自分がまともに勉強したことないから、よくわからずに混乱しているんですよね」なんて面談ではっきり言えないじゃないですか。

いつまでもがんばらないように見える我が子に業を煮やしたのか、「うちの子はもう、受験自体、諦めたほうがいいんでしょうか?」と唐突に極端な結論を出そうとする親もいます。そんなときは、少し冷静になってもらうよう促すことしかできません。

子どもの現状を打破するために、親と向き合う以外の方法がないケースが本当に多いです。正直に言えば、できることなら僕は子どもたちとだけかかわっていたいけど、そういうわけにもいきません。

井本　自分が手にしてるものの価値を、自分で吟味できることが自立だと思うんだけど、お父さんお母さんでもそれができている人は少ない。「そもそも生きるってなんだろう?」という哲学は、親にも必要ですね。

鳥羽　本当にそのとおりです。自信がない親というのは、自分なりの価値基準を持っていない人です。「少しでもいい大学に行ってもらえたら」と発言する親と話してみると、その親だってその価値観を盲信しているわけでもない。ただ、自分の価値基準がないから、そこに拠っているだけなんです。そういう意味でも、大人も勉強して新しい世界を発見すること、自分なりに考え続けることは大事ですね。

井本 親も考えていないわけではないんだろうけど、現実から目を逸《そ》らしているところはありますね。それでも、勇気を持って現実を直視してもらいたい。

大人はどうしても「将来への備え」のために、いま何をすべきかという考え方になりがちです。それがエスカレートしすぎていて、もはや「将来への備え」という現代病にさえなっている。集団ヒステリーだから止めようがないです。不確実な未来に備えて、子どもたちのかけがえのないいまを奪うのがよくないことはわかっている。だけど、みんながやっているから、自分だけ抜け出せない。「自分の子どもにもやらせなきゃ」と無理やり思い込む。大人のパニック状態に、子どもが付き合わされているんですね。

鳥羽 そして教育産業が親の不安につけ込んで親子を囲い込むことで、教育の世界は悲惨なことになっている。どの業界でもそうでしょうけど、資本主義が行き詰まって、もう差異なんて簡単には創出できないからと、不安を煽って稼ぐ人が増えているように思います。不安は儲かりますからね。「将来への投資」とか言うけど、あんなの根拠はまったくない。

井本 教育産業は、約束した結果を出さなくても訴えられないですからね。逆に、いもいもは「結果を保証します」という契約じゃなくて、思いに共感してもらってるから、うまくいっているのかもしれません。思いというのも、「その子がいまそこにいるのに、その子のままでダメなはずがない」ということです。キラキラしてる子どものいまを見られるから、親も自然と納得してくれるんじゃないかな。

なぜ森は究極の学び場なのか

鳥羽　「将来の不安」のように、親の心配を子どもが内面化する現象はあらゆるところで起こっています。我が子を少しでも大切にしたいと、何でも先回りして傷つかないように配慮する親が増えたし、社会全体もそれが善であるという方向で進んでいる。

でも、そういう心配や配慮を内面化した子は、自分で生きる力をどうやって手に入れたらいいのか、と。

井本　いまの教育は「備えあれば憂いなし」で、手持ちの武器をできるだけ増やしていこうとしますよね。でもそのせいで、いまある手持ちでなんとかする「思考力」がやせ細っていると感じます。

子どもたちを見ているとね、むしろ手持ちが少なければ少ないほど自分を発揮せざるをえないなというのがわかるんですよ。暗記した公式に頼らず、自分の頭で考え抜いたとき、その子自身も知らなかったような自分がふっと顔を出す。教員をやっていて、その瞬間に立ち会うことよりおもしろいことはありません。子どもたちが手探りで、「あーでもない、こーでもない」とやり出すために授業をデザインしているんです。

鳥羽　授業のデザインでいうと、いもいもは「森の教室」もやっていますよね。そこではどんな試みをしているんでしょうか。

井本　森は究極の学び場ですね。森の教室はコロナ禍の二〇二〇年十月に始めました。平日の昼間に開催していますが、いまは東京都の檜原村、あきる野、高尾の三つのコースがあります。土屋敦*が中心となってやってくれています。

森って、全然親切じゃないなぁって思うんですよ。お膳立てもしてくれないし、自分の思うようには動いてくれない。その代わり材料は豊富にある。木の枝だったら串や剣、杖に見立てられるし、その自由さは都心の教室では味わえないものです。

森の教室の良さは、スケジュールがないこと。森の教室では、最初の集合すらないんです。勝手にやってきて、好きなだけ遊ぶ。とにかく、ふんだんに時間があることが大事なんです。暇でしょうがないから、自分で暇つぶしをする。

鳥羽　暇をあえてつくるのですね。いまの子どもたちはスマホやタブレットのせいで純正の暇を知らないから、とてもいい時間になるでしょうね。

井本　そうそう。先日は夏休みにアメリカから帰国してきた子が、最初、一人で退屈そうにしていたんです。そうしたら、おもむろに石を拾っては大きな岩に投げつけ始めて、それから六時間も投げ続けた。途中からね、その大きな岩をなんとかして割ろうって躍起になって、いろんな方法を試し始めて、なんと六時間後に見事に割ったんですよ。粉々になった岩の破片を「アメリカに持って帰る！」って言ってね。六時間も岩を割ることだけ

＊土屋敦
一九六九年生まれ。栄光学園中高、慶應義塾大学経済学部卒。編集者、書評家、料理研究家などを経て、現在「いもいも」に参画。森の教室を担当する。ホンジュラスで災害支援NGOを立ち上げたり、佐渡島で半農生活を送るなど多彩な人生を送る。著書に『男のパスタ道』『男のハンバーグ道』『家飲みを極める』など。

に没頭できるのも、スケジュールがないからできることです。

鳥羽　いい話だー。

井本　「森」という空間と、「ふんだんな時間」がもたらす学びは本当にすごい。

　森で子どもを放っておく。その間、大人は介入せずに微笑んで見守っていればいいんです。一人でぽつんとしている子を見ると、大人が「あの子も仲間に入れてあげなさい」と声をかけがちですけど、そういうのも必要ありません。むしろ声をかけられるほうが子どもは辛いんですよ。もちろん仲間に入りたい気持ちもあるだろうし、寂しいのかもしれない。でも、それよりも辛いのは、一人でいる自分のことを大人が心配していると気づくことなんです。

鳥羽　本当にそうですよね。大人の心配を内面化してしまった子は「私は心配されるような弱い存在なんだ」と内向きに閉じこもってしまう。そういう時期が長引き、高校生ぐらいにまでなると、そこから抜け出すのはなかなか時間がかかります。大人は子どもの心配をしているようで、その実「君は弱い」というメッセージを伝えてしまう。だから、「君は弱くない」と努めて言うことを、やらなくちゃいけないことがあるんですが匙《さじ》加減は簡単ではありません。

　大人が先回りして介入するのは余計なお世話だし、子どもの可能性を奪う行為だと肝に銘じたほうがいい。もちろんイジメの兆候があったり、身に危険が迫っていたりすれば介入が必要になってくるので、ちゃんと見守ることは必要でしょう。でも、基本的には勝手にやらせておけばいい。

井本　そうそう。子どもはいつのまにか一緒に遊び始めますからね。大人が心配する必要はない。ただニコニコ見ているだけ。それくらいがちょうどいいんですよね。

鳥羽　子どもが折れてしまうのが心配で心配で、大人がどうしていいかわからずに立ち尽くしてしまうことがあります。そんなときは、自分が何もしなくても、自分がいなくても、この子が幸せになる可能性というのを、胸いっぱいに想像してみるといいと思うんです。きっとそれは大人にとって、さみしいけれど嬉しいことではないでしょうか。

将来の心配をする子ども

鳥羽　井本さんと話していて、改めて感じたのは「先回り」の弊害です。これは、いまの教育のいちばんの問題と言ってもいいかもしれない。すべてをお膳立てして、うまく学ぶ道を示そうとする。これが学びの楽しさを決定的に奪っています。

井本　僕は手持ちでなんとかする、その行為こそが「生きる」だと思っているんです。自分でなんとかする機会を摘んでしまうのは、自己と向き合う時間を子どもから奪うことに等しい。子どもたちが生きる実感を得られなくなります。将来から逆算して、いまやるべきことはこれだ、なんていう教育は子どもを歪めてしまうんじゃないでしょうか。

鳥羽　これもいわゆるコスパ的思考の流れでしょうね。先回りして子どもを育てることが、経済的で生産的で良いことなんだって教育産業の人たちは信じている。でも僕から言わせると、そんなやり方では目の前の子どもを見ながら育てられるわけがない。

井本　本当にそうですね。いわゆる「ハウツー」というのは目の前のことを見ないようにすることだから、対応力に欠けていて、とても弱い。人間が歩けるようになったり、話せるようになったりするのは、ハウツーのおかげではなくて、試行錯誤の結果ですよね。大人になるとみんなそのことを忘れてしまう。効率的にやれば完成に近づくという話は、理屈では正しく感じるかもしれないけど、そんなことは起こらないんです。

鳥羽　何が効率的で、何が役に立つのか。それが判断できるほど高い解像度で物事を見ていないはずなのに、それを知っているフリをしている。そのせいで、むしろ効率の逆を行っていても気づかないわけです。

井本　本当に解像度を高くしようと思ったら、それこそ一億個のパラメーターを意識しないといけないでしょう。でもそんなことは不可能です。だから、五個ぐらいのパラメーターで全部見通しがつくみたいな嘘をついてる。しかも社会全体が嘘の評価軸だけで動いてしまい、嘘のなかで正解できる子が優秀だという話が蔓延してしまっている。

鳥羽　自分たちの目に見えているのは、ほんの一部なんだという謙虚さがなくなると、本当の学びは発生しません。

井本　実際に偏差値の高い子は、その謙虚さがおろそかになることがあります。だから栄光学園で教えるときは、「実際にやってみたら想定外の結果になった」というデザインの授業を意識しています。ハウツーを使って頭でわかった気になっても、実際にやってみると全然思うようにいかない。試行錯誤のプロセス抜きに人は学べないんです。

でも、こういう話ってなかなか通じないんですよ。

僕は「できる／できないはどうだっていいんだ」という話をいつもするんですけど、「それって極論ですよね?」というニュアンスで受け取る人が本当に多くて。みんなをひきつけるために極端な方法論を提示していると誤解されちゃう。そうじゃないんです。子どもの学びは、本当に「できる／できない」ではない。子ども自身、正解なんて知りたいと思っていないんです。それでもなかなかわかってもらえない。

鳥羽　「正解なんて知りたいと思っていない」というのは至言です。確かに、子どもの興味はそこにはない。

それにしても「できる／できない」を気にするというのは、それが自分の将来を左右する可能性があるという、根拠のない信仰に基づいていると思うんです。でも、子どもは「いま」を生きている存在だから、将来のことを心配してる子って本当は変なんですよ。将来を心配している時点で、その子はちょっとおかしくなっていると思ったほうがいい。

井本　そうですね。自分の子どもの頃を思い返してみてはどうでしょうか。子ども時代に「将来の夢」を本気で考えたことがある人はほとんどいないはずです。うんと小さい頃に「俺、刑事になる!!」と言うのは別ですよ。それは、前の晩に見た刑事ドラマの影響だったりするから（笑）。

鳥羽　それも、いまこの瞬間のときめきと憧れですからね。でも、なぜだかいるんです。小学生で「お医者さんになりたい！」と言って、勉強している子が。そんな子を見ると余計なお世話かもしれないけれど、心配で。「その欲望、どこから借りてきたん？」って聞きたくなる。そうやって早々と将来の目標を決めることで、むしろ自分の可能性を狭めているかもしれないけど、大丈夫？　って思ってしまう。

井本　大人は「ちっちゃい大人」を見ると、すごく喜んじゃうんですよね。極端な話、ちっちゃい子が「こんにちは！」とか「ありがとうございました!!」って上手に言えると、「えらい子ねぇ〜」なんて褒めたくなっちゃう。こうして子どもは社会に包摂されていくことで、大人を喜ばせられると知り、その要求に応えようとしてしまうんですね。

子どものコンプレックスに踏み込む

鳥羽　ＮＨＫ「プロフェッショナル」での井本さんの姿を思い返すと、授業中の声掛けも絶妙だなと思うんですよ。「大人はニコニコ見るだけ」と言う一方で、絶妙な間合いで子どもに踏み込んでもいますよね。その距離感はどれくらい意識されていますか。

井本　子どものアクションにリアクションすることは、いつからか意識的にやり始めました。子どもの発言や解答を見て、「どういうこと？」と聞いて、説明を受けて、「あぁ、そういうことなのか！」と驚いてみせる。もちろん僕自身が心からびっくりしてるから自然とそういう反応が出てくるんだけど、子どもにも「僕が驚いたこと」をちゃんと伝えてあげるようにしています。それだけで、子どもは自分の考えを相手が理解してくれたと安心するから。褒める必要はありません。「なるほどなぁ〜」って言うだけで十分なんですよ。

鳥羽　そこは僕も同じかもしれない。授業中に子どもたちを見て回るとき、授業の本筋とは関係ないところで気づいたこと、感心したことなんかをそのまま言っちゃう。

井本　それくらいでいいんですよね。答案用紙に書かれた雑な文字を見て、「お前の字、でっけぇな！」と笑うだけでも、子どもの心に小さな火がぽっと灯る。彼らは自分でも気づけないくらい、やれていることがたくさんあるから。それをちゃんと見て取る。極論を言えば、先生にできることって、見て取ることだけなんですよ。

鳥羽　自分が見られている、そして自分が自分として認められることを実感できるだけで、安心してそこにいられるんですよね。

井本　そうそう。ただ、あなたのことを見ているよ、と伝わればいい。いつも褒める必要はありません。むしろ自信のない子は、むやみに褒めると次から大人の期待に応えようとしてしまう。こうなると、頭ごなしに怒るのと変わらないんです。

鳥羽　褒めることで子どもをコントロールするようになる。子どもたちは、大人のそういう欲望を敏感に感じ取りますからね。

井本　褒めたり怒ったりしても子どものコンプレックスは解けないし、それどころか余計に強化されてしまうでしょう。そこに触れないようにするのは、気遣いではあるけれども、その気遣いは同時にコンプレックスを強化することにもなるんです。「やっぱり恥ずかしいことなんだ」って。じゃあ、どうすればいいのか。

だから僕はタイミングを見て、何気なく、ふわっと言葉にしてみます。「いいね！」や「ダメだよ」という価値判断を抜きにして、ただサラっとそこに触れる。そうすると、一瞬子どもはドキッとしながらも、「この人は僕のこういうところをなんとも思っていないんだ」「むしろおもしろいって感じてるのかも」とちょっとラクになって、視点を変えることができる。そういう踏み込み方ができるのは先生だけです。

鳥羽　そうです、そうです。「そこ言っちゃってくれるんだ！」と嬉しそうにしますよね。そうやって子どもの内面に一歩踏み込むことで、関係性がグッと近くなる。ただ、いまの時代は踏み込むことを良しとしないでしょう。知り合いの公立校の先生に聞くと、テスト答案に生徒の解答を踏まえて、一人ひとりにコメントをつけるのはよくない、ダメだって言われているらしいんですよ。

井本　学校ではよくあることですね。上の人たちはそれが平等なんだと思っている。私立校でもそういう事態は起きていて、ある先生は自作のプリントをせっせとつくって授業していたんだけど、最近は禁止されてしまったそうです。理由は、先生の担当していないクラスの子が自作プリントをもらえないと不公平だから、と。通知表の「所見」は定型でしか書けなくなったなんて話もあります。先生が自分の目で見て取ったことを書いても、上司にチェックされて無難に直される。これが教員たちの「あるある」になってしまっている。自分なりの授業が否定され、生徒との一対一のコミュニケーションを制限されて、大変なんです。

ただ、そういう厳しい環境にいる先生でも、休み時間や放課後など、ノーマークで生徒に接することができる時間はまだまだあると僕は思っていて。もっと言うと、授業だってそうです。定期的に内容をチェックされるにせよ、日々の授業で先生が何を伝えるかは言っちゃったもん勝ちですから。

鳥羽　探せば抵抗の余地は残っているんですね。

先生は「世間知らず」であることが大事

井本　そうやって抵抗しようとしている先生の背中は押してあげたいですよね。

ただね、僕がもっと問題だと思うのは、最近「教育改革」や「学校改革」を言い出す先生が増えてきていることなんですよ。

鳥羽　あぁ、そんな空疎な言葉に飛びついたら終わりですよ。

井本　僕らの感覚ではそうなんだけど、なかなかその感覚も共有できなくなってきた感じがあります。誠実にやっている現場の先生だったら、「改革」と名の付くものに疑問を持つはずなんです。なぜなら、どんなに優れているとされる教育法でも、それが方法論であるかぎり、そこからこぼれ落ちて苦しむ子どもは絶対にいるから。

鳥羽　取りこぼされた生徒一人ひとりを見て取るために、先生が必要とされている。そこが教育の根本なのに、それがわからなくなってきてるんですね。

井本　「これからの教育の形はこれだ！」という議論があがると、そこに少なくない先生が群がり、あたかも自分は正しい側にいますという顔をして、「最新の」教育を知らない人を非難するでしょう。確かに画期的とされている教育に加わるのは魅力的かもしれない。もちろん最新の知見が必ずしも悪というわけではない。でも、忘れてはいけないのは、先生って教室で子どもたちを直に見られる唯一の存在なんですよ。

鳥羽　個別具体的な生徒とのやりとりをおざなりにして、教育なんてできないでしょう。

井本　いまはそういう感覚がなかなか伝わりにくくなっている気がします。

先生は、日本全体の教育のことなんて考えなくていい。大きなことなんて、しなくていいんです。先生にとって大事なのは、縁あって出会った目の前の生徒だけ。その子たちのことだけを考えて「さぁ、自分に何ができる？」と問いかけながら行動すればいいんです。そのために必要なのが、自分なりの哲学だと思うんですよね。

それこそ鳥羽さんの著書を読んでいると、いつも自分のなかで自問自答されている。その葛藤が哲学です。答えなんかわからないけれど自分の頭で考える。それをしない先生が子どもに考えさせるなんて不可能でしょう。

鳥羽　ハウツーに飛びついてしまう現象は、親のほうでも深刻です。そういう方法論が一切不要だとは言わないけど、子育て本にすがる親は、子どもの現実から目を逸らそうとしている。子どもを見ないための口実を探しているんだということは自覚してほしい。

井本　こういった現象が始まったのは、二〇〇一年の宅間守の事件*以降だと、僕は思ってるんです。あの凄惨《せいさん》な犯行によって世間はパニックに陥り、かつて開放的だった学校に警備員が置かれ、安全管理をするようになり「閉じた空間」になってしまった。

　その後、二〇〇六年に新教育基本法*を制定するときに巻き起こった「先生バッシング」。あれによって学校も先生も世間の空気を読まなくちゃいけなくなった。それまで学校は聖域で、先生は目の前の子どもを見ることができたんだけど、いまはもう「子ども」を見ずに「世間」を見ている。

鳥羽　学校が世間にお伺いを立てるようになったのは大きな損失です。学校と先生は、いかに世間知らずであるかが大事なのに……。

　先生が世間知らずであったほうがいい理由は、社会の目を気にすると、社会の規範的な論理をなぞった子しか育たないからです。教育としては、それは何も創造していないのと同じだから敗北ですよ。親などの外部者に「学校の先生は社会人経験がないからダメなんだよ」と言われて、ひるむようじゃいけない。むしろ、先生は社会人経験を重んじないことが強みであり、それを生かすべきなんですよ。

井本　あえて強く言うけれど、学校が社会に帰属するようになったら終わりです。そういう意味では不登校の子というのは、たくましいですね。

鳥羽　そうですよ。わざわざ自分で葛藤する方向を選んでるわけで。

＊附属池田小事件
二〇〇一年大阪府池田市の大阪教育大学附属池田小学校で発生した無差別殺傷事件。同校に侵入した宅間守が児童8人を殺害、15人を負傷させた。この事件をきっかけに学校にも「警察官立寄所」の看板がたち、部外者の学校施設内への立ち入りを厳しく規制するなど、学校がそれまでの「地域に開かれた施設」から安全対策重視の「閉ざされた施設」に方針転換するきっかけの一つとなった。

＊新教育基本法
二〇〇六年十二月に公布・施行された現行の教育基本法。前文では「たゆまぬ努力によって築いてきた民主的で文化的な国家を更に発展させるとともに、世界の平和と人類の福祉の向上に貢献することを願う」と謳っている。

井本　不登校の子が「逃げてる」という見立ては違うんじゃないかなと思うんです。「いもいも」に来る不登校の子も、逃げてるようにはまったく見えない。いやむしろ、「社会」になってしまった学校から距離を置いて、自分だけの頭で考えるのはすごいことだと。

鳥羽　不登校の子と喋っていると、ちゃんと自分の欲望*で生きている感じがして、本当におもしろいんですよ。学校が社会への従属を強めているいま、そういう逆転現象が起こってしまっていると感じます。

井本　社会性がないというのはネガティブにとらえられがちだけど、すごく意味があることなんですね。子どもに魅力を感じる理由は、社会性がないからです。それは、無邪気でいいね、というだけではありません。大人になって僕らが失ってしまった「生きることの本質」のようなものが、子どものなかには見えるんです。

　だからこそ社会性のない先生という存在にはとても意味がある。その先生の姿を見て、子どもも「このままでいいんだ」と安心できるのが学校という場だから。昔に比べて不登校がこんなにも多くなってしまったのは、社会情勢の変化もあるだろうけど、先生が社会性を身につけてしまったからじゃないかな。大きな原因として、僕はそうとらえています。

鳥羽　学校が社会を体現してどうするんでしょうね。

井本　「社会の縮図のような学校にする」と大真面目に言われる時代ですからね……。学校や先生が「生きるってなんだろう」という哲学を捨てて、社会に順応する子の製造マシーンになってはいけない。子どもに哲学を教えられるのは、現場の先生だけなんです。

＊欲望
ここでは生理的な欲求の意味ではなく、精神分析的概念として用いられている。言語や他者とのかかわりによって無意識下に構築される、その人が生きるうえでの偏りのこと。ジャック・ラカン『精神分析の四基本概念』などを参照のこと。

抽象思考だけではぷるっとできない

鳥羽　学校の話が盛り上がりましたが、最後に「塾」の話がしたいです。

　塾は、どうしても勉強ができる子がヒエラルキーの上位にくる空間だから、時に牽制が必要になるんですね。勉強ができる子には、「成績がいいことは人間性とは関係がない」と、特に意識しているわけでもないのですが、ことあるごとに言ってしまいます。

　一方で、どうしても学校の5科目の勉強が馴染まない子どもは、10人に一人くらいの割合でいます。そういう子たちには「学校の勉強ができたら偉いというのは間違いだからね。そもそも学校の勉強というのは、いろんな勉強のやり方があるなかで選ばれた方法の一つにすぎなくて、勉強の世界はもっとずっと広いんだ。テストだって筆記以外にいろいろな方法があるのに、そればかりやらされるから、たまたまそれができないと「勉強ができない」って認定されてしまう。それは嘘だよ」ということなどを伝えます。

井本　とても大事なことですね。「いもいも」の良いところの一つには、偏差値がバラバラな子が同じ空間にいることが挙げられます。いろんな子が同じ空間にいることで、多様なものの見方が共有できるんです。

　栄光学園の子はすごく頭がいいんだけど、同じようにものを考えられる仲間としか接していないから、どうしてもものの見方が偏ってしまう。せっかく偏差値が高くても、それじゃあもったいないんです。

鳥羽　それは上位進学校（栄光学園）とデイスクール（いもいも）の両方を経験している井本さんならではの感覚ですよね。もう少しくわしく教えてください。

井本　栄光学園の子たちは高度な抽象化思考が上手なんです。「それって、つまりこういうことですよね」と理解する能力が高い。抽象化能力にはもちろん価値があるし、受験では丸をもらえます。でも、抽象化思考だけでは、ぷるっとできない。

一方で、いもいもの子たちは、目の前の問題を試行錯誤しながら具体的に見ていくことができるんです。一足飛びに抽象化して解決せず、ためつすがめつ吟味することで、自分なりの考え方にたどり着く。そして、ぷるっと驚くことができるんです。

自分なりの見方をしている子たちが、さらにそれぞれのものの見方を共有することで、「こんな見え方があったんだ！」と、もっとびっくりできる。「本解」以外にもたくさんの「別解」があるよね、ということが、いもいもだと自然に実感できるんです。

鳥羽　抽象化思考は大事なんだけど、それだけが頭のよさを測る基準になるとダメですね。抽象化とは他にはない唯一の個別性を捨象すること。そのいびつさ、恐ろしさを知らないのはとても危ういことです。抽象化する快楽しか知らないと、社会への眼差しも歪んでくるかもしれない。なんでも大局的に見て、構造的な問題に収斂《しゅうれん》させて、個別的で具体的な人間の苦しみが見えなくなる。

井本　そうですね。抽象化の始まりは算数です。

小学1年生で学ぶ「リンゴ2個、みかん3個、合わせて何個？」という問題。これに

「2＋3＝5」と答えて正解をもらうところから、抽象化を学んでいく。この問いが求めているることは「計算をせよ」ではなくて、りんごやみかんの個別性を無視して、「抽象的にとらえよ」ということなんです。

でも、みかんとりんごというまったく違うものを合わせることに、不快感を覚える子が確実にいる。まったく違うものを、数に抽象化して考えることができないという子が。そういう子には算数や数学は向いてないし、僕はそれでいいと思ってる。無理やりできるようにすることよりも、その違和感を大事に抱えておくことのほうがよほど大切だと思うから。

鳥羽　いまのお話は、根っこをたどれば言語の問題ともつながります。

僕たちは、目の前に見えている物体が「りんご」と名付けられているから、辛うじてそれをりんごとして扱うことができる。でも実際には、りんごと呼ばれている物体も一つひとつは異なっているし、りんご然として安定しているわけでもない。よくわからない不気味なものを象徴化して「りんご」と呼んで安心しているだけなんです……。

なんて話をしていると、子どもたちが神妙な顔をします。一部の子は明らかに気持ち悪がります。実際こういう話って死臭がするというか、人間の存在の輪郭を脅かす話だと思うのですが。

抽象化の力によって人類は進歩してきた面もあるわけですが、その一方で切り捨ててきたものもたくさんある。そういう抽象化の暴力性に気づけている子は無理に適応しなくていいんだって言ってあげたいな。

井本　そう、気持ち悪いとか不快に思うところにこそ、自分が生きるための哲学が隠れているんですね。ネガティブな感情にこそ、自分自身を見つけるチャンスが潜んでいる。でも、最近は「好きなことだけ勉強しよう」と、やたらと言われるじゃないですか。

鳥羽　「好きなことだけ」というのは本当に浅はかですよ。そこで言われる「好き」は、ものすごく表面的だし、「好き」を丹念に見ていくと、そこにはいろんな感情が内在しているというのに、見ていない。

井本　だから僕は、授業ではあえて子どもたちに、モヤモヤさせる問いをポンと置くんです。すると、彼らは目を逸らしたいんだけど、逸らせない……というような状態になる。人間は普段の生活では、恐ろしいこと、不快なことを、本能的に見ないようにしていますよね。でもそれは見ないようにしてるだけ。それでは、モヤモヤした自分は救われないいんです。

僕は授業でそこに向き合わせたい。子どもたちが勇気を持って、これまで目を背けてきた何かに向き合える状況をつくりたい。なぜなら、それをデザインできるのは唯一、教員だからです。人生で抱えてきた違和感に真っ正面から向き合える。それこそが授業の価値だと信じています。

人生の哲学としての「考える時間」をこれからも大切に、目の前の子どもたちと付き合っていきたいですね。

第5章

「言葉」が生まれる教室

甲《か》斐《い》利《り》恵《え》子《こ》

福岡県生まれ。軽井沢風越学園スタッフ（7～9年生国語・9年生卒業探究担当）。学生時代から大村はま国語教室に学び続ける。東京都港区立赤坂中学などを経て、2021年に軽井沢風越学園に参画。光村図書中学校『国語』教科書編集委員などを歴任。著書に『聞き手 話し手を育てる』『国語授業づくりの基礎・基本 学びに向かう力を育む学習環境づくり』（ともに共著・東洋館出版社）『子どもの情景』（光村教育図書）など。

本当の言葉が生まれる教室

鳥羽　甲斐さんとお話しできることを、とても楽しみにしていました。
軽井沢風越《かざこし》学園*のスタッフ、あすこまさん*のブログにこう書かれていたんです。甲斐利恵子さんは、「子どもたち一人ひとりのストーリーを持ち、それを前提にいろいろ教えたり、やり方を考えたりできる」と。「子どもたち一人ひとりのストーリー」を見つめながら、日々子どもたちとかかわるというスタンスは、僕もすごくわかります。

甲斐　そうでしたか。本日は風越学園までわざわざ来てくださって、ありがとうございます。
教室にいる子どもたちを見ていると、一人ひとりにしっかりと「物語」がありますね。ここの子どもたちは、国語科だけでなく、自分で問いを立て、それに答えるために文章を書く機会が多くあります。その様子を見ていると、その子の「物語」が見えてくるように思います。
いろいろ考えあぐねているとき、ようやく自分の思考を言語化できたとき、隣の子にちらっと何か言いながら書いているとき。そういった瞬間の表情や仕草と一緒に、子どもたちが書いた「言葉」が、私のなかにくっきりと入ってきて「物語」になる。あの感覚がす

***軽井沢風越学園**
二〇二〇年に長野県軽井沢町に開校。三歳から十五歳までの十二年間の連続性を大切にしたカリキュラムを実施。異年齢での学びや、プロジェクト学習を中心に据えた学習などで、一人ひとりの「自分をつくる」と「自分でつくる」時間を積み重ねている。

***あすこま**
澤田英輔。軽井沢風越学園の国語科スタッフ。著書に『君の物語が君らしく――自分をつくるライティング入門』、編書に『中高生のための文章読本――読む力をつけるノンフィクション選』、編訳にライティング／リーディング・ワークショップの思想と実践を示した『イン・ザ・ミドル――ナンシー・アトウェルの教室』がある。

ごく好きですね。

鳥羽　その感じはすごくわかる気がします。

甲斐　言葉を探している子どもたちの心の動きが、クリアに私のなかに記憶として残っていくと、仕事の喜びを実感できます。それに、「物語」になった記憶は、ずっと覚えていられるんですよね。覚えようと思うと覚えられないのに。だから「君、二年前にはこういうこと言ってたよね」と言える。

鳥羽　そうやって、自分の過去を踏まえたうえで「いま」の私を見てくれている人がいるという実感は、子どもに深い安心感を与えると思います。それは、時間という厚みのなかで、自分が確かに育まれてきたという他に代えがたい感覚です。

　ところで、甲斐さんは風越学園に来て、何年になりますか。

甲斐　二〇二一年に来たので、三年目です。スタッフになったのは、開校から二年目でした。それまでは東京都の公立中学校で三十八年間、国語科の教員をやっていたんです。公立校の定年は六十歳なんですが、給料が半分ぐらいになってもいいなら六十五歳まで働けると聞いて嬉しくなりました。子どもたちと過ごせるなら、ということで「ぜひ、やらせてください」と勤め上げました。

鳥羽　じゃあ、六十五歳を迎えて、この先どうしようか、というタイミングで風越学園にやってきたと。

甲斐　そうですね。六十五歳になり、いよいよ最後という年に、あすこまさんからメールがきたんです。「甲斐先生のことをふと思い出して、メールをしてしまいました」という何気ない文章でした。返信で、「いよいよ東京都では最後の年。どこかで教室に立ち続けられないかなと思っています」と書いたら「風越学園でいま、国語科教員を募集しているんです！」って。

鳥羽　まるで、狙っていたかのようなめぐり合わせですね。

甲斐　本当に。それで説明会に参加したら、なんておもしろいところなんだろう！　と思ったんです。東京の公立中学校とまったく違うこの環境に来たら、いままで蓄積してきた力で自分はどんなことができるんだろうか。これまでつくり上げてきた枠組みが全部、壊れるんじゃないか。そんな妄想がどんどん膨らんでしまって、採用試験を受けることにしました。「この歳になって、自分がテストを受ける側になるなんて！」ということにもワクワクしました。ここでなら、新しい自分に出会えるかもしれないなって。

鳥羽　自分の「つくり上げてきた枠組みが全部壊れるんじゃないか」ということを、嬉々としておっしゃっているのがとても印象的です。大人になると変わらないようにしたがるものなんです。変わることはとてもエネルギーを使うものだから、なるべく安定の土台に立って、安心していたい。でも、やっぱり甲斐さんはちょっと物好きというか、変わっていますね。

　精神分析的に言えば、甲斐さんが、逆境によって緊張を高めることをむしろ「生きがい」のような快につなげる「享楽*する人」だからこそ、そうやって楽しめるのかなと思い

＊享楽
一般的には「楽しみを味わうこと。思いのままに快楽にふけること」の意。ここではジャック・ラカンの精神分析による「享楽」（快楽を超えた過剰な欲望の領域であり、欲望が満たされるときに生じる快感と苦痛が入り混じった感覚のこと）を指す。

ました。

そもそも甲斐さんは、公立校の頃から、いろんなことにぶつかっては、自分の殻を破ることを繰り返してきたんじゃないかと想像するんですが、公立校の三十八年間はどうでしたか。

甲斐　本当に楽しかったです。それはベースに大村はま*がいたからだと思います。

二十歳のときに『教えるということ』*を読んで衝撃を受けて以来、大村に私淑しているんです。

例えば、彼女は「私たちの仕事って子どもを知ることですよ」と言います。さらに、子どもを知るためには「本当の言葉が生まれる教室」が必要だと説く。「あなたの好きなものは?」「何に興味があるの?」と問われて答えるような言葉では、子どもの本当の姿を知ることはできない。子どもたちが、自然と言葉を発してしまう教室をつくりなさい、と。

鳥羽　「あなたの好きなものは?」「何に興味があるの?」と尋ねられた子どもは、自分の欲望に対して正直になるのではなく、むしろ、大人に忖度《そんたく》してしまい、その結果、自分の声を失ってしまう。大村の言葉には、そういう洞察が含まれている気がします。

そして、甲斐さんは、大村の言葉を正面から受け止めて、「本当の言葉が生まれる教室」をつくる努力をされてきたのですよね。

甲斐　ええ、でもそれを意識し出したのは、四十歳を過ぎて、大村の全集を読み返したときからでした。それまでは大村のやり方を取り入れたい一心で、がむしゃらに実践してい

＊**大村はま**
一九〇六年生まれ。一九二八年から国語科教師として働き、後に「単元学習」と呼ばれる指導法を自ら考案、実践した。単元学習とは教科書によらず、教師自らふさわしい教材を用意し、目の前の子どもに合わせた授業を行っていくこと。退職後も九十歳を過ぎるまで「国語教育研究」を継続した。主著に『教えるということ』『大村はま 国語教室』全15巻(筑摩書房)。二〇〇五年歿。

＊**『教えるということ』**
大村はまの著作。初版は共文社(一九七三年刊行)、現在は、ちくま学芸文庫にて『新編 教えるということ』(一九九六年)として刊行。

ただけなのですが、「本当の言葉が生まれる教室」というワードに出会い直して、ようやく実践の方向性ができたように思います。

鳥羽　非常に含蓄のある言葉ですが、甲斐さんは、具体的にはそれをどのようにとらえたのでしょうか。

甲斐　「本当の言葉が生まれる教室とは？」と問われて、いつも頭のなかがぐるぐるしてくるのですが、一つ言えることは、子どもたちが、自分のなかから出てきた言葉で、本当に話したいことを話せる場所のことです。

そのために大切なのが「安心」なんですね。自分の言葉が否定されるかもと怯《おび》えたり、正しい答えは何だろうという方向にいってしまったり、先生が望む答えはなんだろうと忖度したりせず、子どもたちが安心して発言できる環境こそが、理想的な教室。生徒一人ひとりが自分でいられる、そんな場所をつくることが、私の仕事だと思います。

私には、「子どもたちを知る」ことと「子どもたちに教える」ことが、ものすごく近いように感じられます。「知る＝教える」。つまり、いつもそばにいて、「あなたのことを見ていますよ」という存在があって、子ども自身が安心できて初めて「本当の言葉が生まれる」のだと思います。

鳥羽　知ることがイコール教えるにつながるというのは、とても興味深いです。「知る」ことを通した安心の手触りが、「教える」を発動する場を醸成する、ということですよね。

それにしても、自分のことを知ってくれている大人が、親以外にいることは子どもにとってとても大事です。悩みが深いときは特に。そして、子どものことを知るというのは、教える側にとっても、特別な力が発動する源になります。例えば、彼らに何かあったときには、考えるよりも先にからだが勝手に動くんですよね。

甲斐　本当にそう思います。「助けてあげなきゃ」と思うんじゃなくて、気がついたら私はもうその子のそばにいる。自分のからだがそんなふうになれたらいいなと。

公立校では自由に授業ができるか

鳥羽　甲斐さんは、「本当の言葉が生まれる教室」を生み出すために、教材から授業まで、ほとんど「手づくり」でつくりあげていったんですね。でも、そもそも公立校で自由な教室づくりなんてできるものなんですか？

甲斐　いろいろなお叱りや疑問、心配の声もありましたが、説明すれば意外とわかってもらえました。なぜ授業の運びがこうなるのか、なぜ教科書とは違う文章を単元*の最初に読むのか、なぜこの目標を設定したのか、なぜこの手引きをつくったのか……その一つひとつにはちゃんと理由があって、それを説明できさえすれば、公立校でも十分、やりたい授業はできるんです。それに、子どもたち自身が、本当の言葉が生まれる教室に納得していると、親も「それなら大丈夫なのかしらん」と思ってくれるんですよ。

鳥羽　すごいなぁ。公立校でもできるんですね。とても励みになる話です。

***単元**
一般的には、設定された目標に沿って教材や時間数を決め、実際に行う授業のひとまとまりのことを指している。だがここでは、教科書を教えるといった意味にとどまらず、教師独自の発想で組み立てられる単元をイメージしている。そこには、一人ひとりの子どもたちにとって効果的な学習となるように独自の教材が用意されたり、主体的に取り組める活動が入っている。

一般に公立校の先生は「出る杭は打たれる」で、自由なことができないイメージがありました。例えば、僕の友人に公立小の国語の先生がいるんですが、彼は、子どもの宿題をチェックして、はなまるを付けたら、「先生がはなまるを書くと、他の先生も書かないと不平等になってしまうから、やめてください」と指導されたらしくて。しぶしぶ従っちゃってるんですよ。そうやって公立校ではマイナス方向でそろえることが普通に起きている。

甲斐　それは、親のクレームを恐れる管理職のほうが悪いですよね。

鳥羽　やっぱりそうですか。

甲斐　校長さんが私たちの「働き」だけじゃなく、子どもたちにどう影響しているかまでを見届けてくださると、それだけで全然違うんです。ちゃんと気にかけてくれる校長さんだと思ったら、私も子どものように報告に行っていましたから。そうやって話に行けると、マイナスじゃなくてプラスにそろえる環境ができあがっていきますよ。

鳥羽　甲斐さんは、そうやってなんでもないことのように穏やかに話されていますが、それを毎回実行するのは並大抵のことではないと思うのですが。

甲斐　そうですねぇ……。例えば、親から「先生の授業は傾向と対策ができないんです！」とクレームが来たことがあります。塾の先生は、学校の過去問をすべてストックしていて、傾向を踏まえて、生徒に対策させるんですよね。でも、私はいつも独自のテキストを加えて「読解」とは違う授業をするから、試験対策ができないと怒られるんです。

鳥羽　教育の中身より「評価」に関心が傾くのは本末転倒ですが、塾のような教育産業がそれを加速させているところがあるし、親も子どもの「評価」にばかり関心を持つ傾向があります。

甲斐　そうなんです。でも、そのときは、子どもが親を「大丈夫だよ」となだめる奇妙な現象が起こりました。実際に私の授業を受けている子がそう言うと、だいたいの親は信じてくれる。もちろん、なぜ普通の授業をしないのかと最後まで怒っていらっしゃる親もいましたけど。

それでも、授業でつけたい力を見るためには、どうしても初見の文章で問いたいと思いました。子どもたちはもちろんですが、私自身もテストのたびにドキドキしていましたね。

鳥羽　授業ではナマモノを常に扱いたいという気持ちはわかります。テストでもそうなのですね。

甲斐　ええ。なぜなら、テストのときでさえ力がつくようにしたかったからです。それは、子どもたちがいちばん真剣になるときだから。そこを逃したら、せっかくの学ぶ力がつく絶好の機会を逃しちゃうことになるでしょう。

使うテキストは毎年変わる

鳥羽　塾とは「読む力」「考える力」といったラディカル*な意味での学問を身につけるこ

***ラディカル**　ここでは根源的、基礎的という意味で用いられる。

とよりも、表面的でもいいから、偏差値に反映されるような技能を伸ばさなくちゃいけない場であるという側面があります。受験に合格するために偏差値を伸ばすという狭くて具体的な目的がある。その価値観に基づいて「これだけ伸びたよ」という結果を、見える形にして親に伝え、子どもたち本人も自信をつけていく。このサイクルからは逃れられない部分があります。

この意味では、受験に最適と思われるテキストを見つければ、それを毎年やったほうが効率はいいのでしょう。実際に、うちの教室には毎年「定番」として使われているテキストはあります。

でも、一方では、僕自身がシンプルにめちゃくちゃ飽きっぽいので、毎年テキストを作り変えるということをやってしまう。同じことを二度やるのが、イヤでしょうがないんですよ。今年の子どもたちはこんなふうだから、と顔を思い浮かべながらつくるのが楽しくてしかたない。

甲斐　わかります。去年と同じ教材を使うと、ずっと同じことをやっている自分に、ぞわーっとするんです。誰が見てるわけでもないのに「また同じことやってるー！」って。

鳥羽　セルフツッコミ、入りますよね。ずっと同じことができる人もいて、それはそれでいいと思うんですけど、僕と甲斐さんは、どうしても「ぞわーっ」としてしまう。

でも、自分の飽きっぽい性格が常に新鮮なものを求めるおかげで、ナマ感のある授業につながっていったことは、個人的にはよかったなと思います。経験を積むと、そういう自分の性向や気質みたいなものを仕事に生かすということを、冷静に考えられるようになります。

甲斐　私の教員生活ももうすぐ終わるので、授業でやりたいことは全部やってから風越学園を去ろうと、教材もいろいろ考えています。でもその一方で、大切なことを伝えるうえで、「同じ教材は繰り返したくない」なんてワガママみたいなこと言ってる場合じゃないでしょ！　という気持ちもどこかにある。

例えば、私のつくった単元に、沖縄戦について学び、そこで考えたことを短歌にするというのがあります。読む本や取り上げる題材は同じでも、視点を変えてみたり、短歌以外の表現手段を試したり、そういうマイナーチェンジでも自分は飽きずにできるんじゃないかなと思ったりするんです。もう七十歳近いのに、まだこうやって試行錯誤しているんですよね。

言葉を血肉化する授業

鳥羽　冒頭でお話しした、大村はまの「本当の言葉が生まれる教室」というワードが非常に重要だなと思ったので、その話をもう少しくわしく聴かせてください。

「本当の言葉」を話し、それによって言葉を血肉化していくことが重要だと思うんですが、いまの日本では、それが非常におろそかになっている。人間は言葉を手に入れることで思考をたくましくし、世界を広げていきますよね。僕も国語を教えるときには、言葉こそが子どもたちの財産になると信じて授業をしますが、いまそういうことを言うとけっこう嫌われるんですよ。でも、国語の先生が言葉の力を信じなかったら、誰が信じるんですかと思ってしまう。こういう考え方は、少数派になってきているように感じますが。

甲斐　言葉が考えを連れてくるのにね。「とても嬉しかったです」の「とても」という副詞一つをとっても、「心底」「予想外に」と言えたほうが、自分の考えがより立体的になります。

実際、簡単な言葉しか持たなかった中1の子が、言葉を獲得していくプロセスを経て中3になると、人間としての幅も出てきます。それは、さまざまな教育活動の成果が積み重なった証拠でもありますし、心身の成長にともなって、言葉が豊かになったからだと思うんです。

私の役割は、その言葉を血肉化する手助けをしてあげること。この授業で「つまり」と言い換えることができるようになるといいなと、考えて単元をつくるものもあります。子どもが発言したら、「つまり?」と聞く。「それを別の言葉で言うと?」とさらに聞くと、どんどん違う言葉が出てきます。自分の言葉に、自分の言葉を重ねていくことで、「自分はこんなことを考えていたのか!」と発見できたりします。

また大村の話で恐縮ですけど、子どもに「どう思ってますか?」と聞くのは「ちょっと品がないですね」と、彼女は言っていました。直接問うのではなく、いつのまにか子どもが自分自身で考えてしまうような言葉を添えてあげる。それが大事だと思います。「よく考えて一言でまとめてごらんなさい」なんて言うと、子どもは無意識のうちに先生が期待している言葉を選ぶでしょう。先生や周りの子どもとの関係性のなかでしか、話せなくなってしまう。だから慎重に導いていかないと、本当の言葉は生まれないんです。

鳥羽　具体的にどんな言葉を添えてあげることが多いですか。

甲斐　「根底には」や「そもそも」という言葉はよく使います。この二つの言葉は、本質に立ち返っていく言葉です。

例えば、『平家物語』の単元についてお話ししますね。このときは角川ソフィア文庫のビギナーズクラシックスシリーズの『平家物語』を、一人に一冊ずつ渡しました。目次を見ながら、どんな内容かをコンパクトに説明したあと、今回の単元では「人物論」に挑戦することを伝えました。『平家物語』に登場する人物はどれも魅力的であること、ここから一人の人物を選んで人物論を書くのですよ、と言いました。子どもたちは古典ということもあって少し緊張しているようでした。

そこで、いきなり一人ずつ違う人物を取り上げるのは少しハードルが高いと感じ、全員で「敦盛《あつもり》最期」を読んで「人物論」に挑戦することから始めました。敦盛か熊谷次郎直実《くまがいじろうなおざね》か、どちらかを選んで書いてみます。そのときに「根底には」という言葉を必ず使うということを条件にしました。直実であれば「優しい人」、敦盛であれば「立派な人」だけではなく、もっとその人物を深く掘り下げる言葉が生まれてほしいからです。ここで、

「よーく考えて」「深く掘り下げて」「優しいとか立派なだけでなく」などと言ってもそうはならないものです。どんな言葉がその人物の本質的なところに迫っていけるだろうか。それを考えて「根底には」という言葉を選びました。人物の価値観にまで深く触れながら、考えてほしいと思ったのです。

子どもたちは、「根底には」という言葉を使うことによって、自然と彼にどんな家族がいて、武士としてどんな立場にいたのかと、直実の内面の奥深くに関心を寄せていけるようになったと思います。

鳥羽 たった一言付け加えるだけで、考えはどんどん深まっていく。

甲斐 そうです。そして、知らない言葉であっても自分の頭やからだを一度通すと、それは血となり肉となると思います。いつのまにか記憶のどこかに定着して、何日か後には友だち同士の会話に飛び出すようになる。「お前、根底にさ、人を馬鹿にしようとしてる気持ちがあるんじゃない」と。そういう会話を耳にすると、「あ、使ってる！」って嬉しくなります。

鳥羽 子どもが言葉を獲得していくプロセスは、見ていて楽しいですよね。しかし、このような「本当の言葉」を話すことはいま、子どもだけでなく大人もまた難しくなっていると感じます。

最近は「言ってはいけないこと」に対する監視及び自己検閲が非常に強まりました。フランスの哲学者、ジャック・デリダ*は「無条件で前提を欠いたその議論の場」を、そして、

***ジャック・デリダ** 一九三〇年生まれ。フランスの哲学者。エコール・ノルマル・シュペリウール（高等師範学校）で哲学史を講じた。ポスト構造主義の代表的哲学者と位置づけられる。「脱構築」「エクリチュール」「散種」「差延」など新たな概念を作り出したことで知られる。フッサールの現象学の研究から出発し、ニーチェやハイデッガーの哲学を批判的に継承した。「国際哲学コレージュ」の初代議長。二〇〇四年歿。

「何かを検討し再考するための正当な空間」を、大学は人文学に確保しなければならないとし、大学がそのようなあらゆる問いを無条件で提起する場であることを、すべての研究機関から「厳密な意味で区別」する必要がある、とまで言っています*。

つまり、大学、殊《こと》に人文学は「言ってはいけないこと」を抜きにして、無条件に「本当の言葉」をぶつけ合う場にならなければならない。でも、いまは大学でさえそれが難しくなっているし、大人たちの社会環境ではなおさらそうなっています。「本当の言葉」が検閲される毎日。僕がさっき「いまこういうことを言うと嫌われる」と言ったのは、この文脈においての話です。本来、言葉にいいも悪いもない。それは、手触りの現実のなかで、一人ひとりがつかみ取っていかなくてはならないものです。だからこそ、若いうちに「本当の言葉」を使ってみることはとても大切です。その意味で、風越学園は「条件なき」言葉を子どもたちが使うことができる、風通しのよい場所のように感じました。

甲斐　確かに風越学園には、新しく知った言葉を試せる場所が非常に多いなと感じます。「ファシリテーター・トレーニング*」や、実際に「学校をつくる」という実践の場――大村が言うところの「実の場」ですね――があって、普段の言葉のトレーニングとよく連携している。だから、公立校よりも力のつくスピードが速いのかもしれません。

未知の言葉と出会ったときに、辞書を引いて、その意味をノートに書き写すだけでは、言葉の力はつかないですね。「言葉を学ぶ」というのは、先ほど鳥羽さんが言われたように、実際に使われる場面や、どんな属性の人たちが使う言葉なのかといった周辺情報も込

*出典は『条件なき大学』ジャック・デリダ著、西山雄二訳（月曜社）。

＊ファシリテーター・トレーニング
通称ファシトレ。自分たちのコミュニティをよりよくしたい、ファシリテーションの稽古をしたいと子どもたちが校長の岩瀬に相談して始まった時間。プロジェクトの話し合いを進めるための技と心を学び合い、学校づくりに生かした。

みで知っていくことだから。実践の場で言葉を使って学ばないと、いつまでも言葉の力は身につきません。

鳥羽　いま、甲斐さんがおっしゃった「言葉が身につく」というのは、世間でいう「語彙力をつける」とは次元の違う話ですよね。これは『おやときどきこども』という本にも書いたことなんですが、言葉が血肉化しないというのは、例えば現代の子育ての難しさともつながっていると感じています。

「なぜ子どもは親の話を聞かないのか」というのは、子育てにおける筆頭の悩みとしてたびたび語られることですが、それはいま、大人が語る言葉には身体性がともなっていないからでしょう。

かつての日本では、家のなか、もしくは家の近くの田畑なんかで働くことが多かった。腰をぐにゃっと曲げて、全身を使って働く親を、子どもは日常的に見ていた。その親の身体は言葉以上に雄弁に物語る節があります。そこでは、この身体があるから、自分が食べることができるという連関がはっきりとわかる。だから、親は言葉で雄弁に語る必要はなかったし、その言葉にも自ずと身体性が宿り、子どもの血肉となりやすかったのではないか。

それと比べていまの親は言葉だけで伝えようとする。そこには身体が不在だから、言葉が血肉化しません。要するに、子どもからすれば、親が言ってることと、やってることが一致していないように見えるんです。だから親の言葉が届かない。そのことは、親自身もうすうすわかっている。自分の言葉に自信がない親ほど、言葉が苛烈になります。でも、例えば自分が勉強してないのに、勉強した成果を日々の生活で垣間見せることができていないのに、「子どもに勉強しろ！」と言っても届くわけがないでしょう。

なぜ、甲斐さんの言葉が子どもたちに届くのかと言えば、甲斐さんご自身が、単元の準備をすることを通して、勉強し続けている大人だからですよね。勉強し続けている身体が、その人の核になっていると子どもたちに伝わるからですよね。

勉強し続けるというのは、別の言い方をすると、変わり続けるということ。変わることを恐れない。でも、これができる人は限られているんですよ。普通は大人になったら、安定して生活したいのが当たり前です。僕の友人にも落ち着いた生活を志向する人はたくさんいて、個人的に大好きな人たちもたくさんいます。だから、決してそういう大人が悪いわけではない。安定した生活を長く送ることで、即興や滋味深さが出るという面もあり、それは人間の魅力の一面です。

でも、子どもとかかわる大人は、どうしても変わり続けることが必要だと思うのです。一緒に勉強をするということは、一緒に変わっていくことなんじゃないでしょうか。

言葉が不自由になる経験

甲斐　私は、千葉雅也さんの『勉強の哲学』には、とても感銘を受けたんです。副題の

「来たるべきバカになるために」には本当にビックリして……。でも、読んですごく納得しました。「勉強とは、別の考え方をする環境へ引っ越すことである」と。「勉強」をすると人は周りのノリに乗れなくなって、それまで属していた環境のなかで「キモくなる」。その先に自由になるための思考方法として、アイロニーとユーモアがあって、「来たるべきバカ」があるんですよね。

まさに、その本に「勉強すると人は言葉を失う」と書いてあったんです。

鳥羽　千葉さんの本では、まず、周りのノリに合わせるノリのいいバカの話があって、そのノリにツッコミを入れることが「勉強」であり、そうすると元のノリに乗れなくなってキモい人になってしまう。そして、元の言葉を失ってしまうんですよね。

甲斐　そうそう。すらすら喋れるうちは本当の学びはできていない、言葉を失ったときこそ勉強が始まっている、と千葉さんは言うんですね。私もこれには身に覚えがあるんです。風越学園に来たとき、まさに言葉を失いました。

「子どもを見る」「子どもを大事にする」といったとき、風越学園のアプローチは、私のそれまでの考えとは異なるものだったので、当時の思考では追いつけなかったんでしょう。だから、昔からの仲間に「風越学園、どうですか?」と聞かれてもまったく言葉が出ない。でもまさにそのとき、「言葉が不自由になる時間が来たぞ!　私はいま、学んでるんだ!」って嬉しくなったんです。

自分の未知の体験をして、「これはいったい何なんだ?」と吟味しているときは、どうしても黙ってしまう。子どもたちにもそうやって、すぐに言葉にならない体験をさせたいんです。そこで、「わからない！　どうしたらいいんだ？」と煩悶する。「自分の気持ちをぴったり表現する言葉って簡単には見つからないぞ」という気持ちを経て、生まれてくる言葉はすごいんですよ。

鳥羽　いやー、おもしろい話です。いま、とても大事な話をされたと思います。「本当の言葉が生まれる教室」には、言葉が生まれる前に「言葉にならない時間」があるのですね。僕は、思春期というのも、人生における言葉を失う時期だと思ってるんです。特に男の子によく見られるんですが、年ごろになると突然喋れなくなる子がいる。あれは処理できないぐらい、頭のなかが複雑でぐちゃぐちゃになって、しかもそれを表現する手段がないときに起こるんです。

　でも、それはネガティブなことじゃなくて、むしろ可能性そのものなんですよね。自分の急激な変化に言葉が追いついていない状況。つまり、これから大変身《だいへんしん》できるということですよ。そこで無理やり話させようとしなくていい。甲斐さんは子どもたちの「言葉にならない」体験自体を大切にしている、というより、それが「本当の言葉」の発火点だと気づいて、それを授業デザインに組み込んでいる。とてもおもしろいです。

甲斐　昨年度、沖縄戦を題材に授業*をしました。沖縄戦の写真を見て感想を語り合ったり本や資料を読んだりして、短歌をつくり、最終的に随筆を書くという学習でした。

　子どもたちも最初は尻込みするんです。「集団自決で、親が子どもを殺す気持ちなんて

＊二〇二二年、沖縄が本土復帰五十年を迎えたことを機に単元学習として実施。単元開きの日に一枚の写真（アメリカ軍の捕虜になってしまった三人の日本兵がカメラに向かって真っ直ぐな視線を向けている）を用意し、「この写真から読み取れる情報を、同じテーブルの人と話してみてください」と指示を出す。こうして回を重ね、沖縄戦に関係する資料を読みながら短歌と随筆作品をつくってもらう。最後に文集にまとめ、それぞれの作品を読み感想を伝え合う。
風越学園 Web サイト かぜのーと『単元「オキナワ〜声なき声を聴く〜」子どもたちの言葉』を参照のこと。

わかんないよ！」って。それでも、その状況に思いを寄せて考えていくことで、不自由な言葉が少しずつほどけていく。自分の言葉とは心が動いたときに生まれるものだと思いますが、簡単には整った形で現れてくれないものです。ここで「言葉にできないほど悲しい出来事です」のように済ませてしまうと、言葉を生み出していく力から遠ざかってしまうように思います。

たどたどしくても、言葉にしてみる。これじゃない、これでもない、と考え続けているときに言葉の力は育つのではないでしょうか。こういう授業のときの子どもたちは、自分の心に生まれてくる情景や感情と真剣に向き合って言葉を探し、話しかけてきます。一緒に言葉を探す時間は、本当に大切な時間だと思っています。

「好きなことだけやらせたい」への違和感

甲斐　子どもって「何のために勉強するの？」とよく聞いてきますよね。でも、これは問いじゃないよなぁって思うんです。子どもは勉強する意味を聞きたいんじゃない。「勉強、つまらないです」と言いたいだけなんです。

鳥羽　まさにそうだと思います。彼らがすでに勉強と出会い損なってしまっているからこそ発する言葉ですよね。だから、文字通り受け取って正直に答えたところで、子どもの心はますます離れていくでしょうね。

甲斐　そうなんです。これも沖縄の単元のときの話です。ある生徒が「短歌をつくるって意味がわかんない」と言い出しました。つまり「短歌はおもしろくない」と。それで私は尋ねたんです。「『何のために短歌をつくるのか』という問いには、私もうまく答えられないな。あなたはどんな勉強の仕方だったら、沖縄を自分ごとにできそう？」と聞きました。そうしたら「戦争を経験した人たちがどんな感情だったか、想像して短歌にするなんて、不遜な気がするんです」なんて言うの。「不遜」という言葉の使い方一つに私は感動しちゃうんですけど。

鳥羽　いやー、すごいことですよ。

甲斐　そのうえで彼は「その人たちの痛みを想像しただけで、自分ごとにしたと思うのはどうなんですか？」と言うんです。私としては「人間の想像力はすごいんだぞ！」と少し反論したいところなんだけれど、でも、その子が納得する方法で沖縄を自分ごとにしてほしい。そこで「短歌では本気になれないならどうしようか？」と聞いたんです。すると「当時の新聞やメディアがどういう報道をしていたかを知りたい」と。

鳥羽　あぁ、おもしろいな。

甲斐　資料があったら本気でやれそうだと言うから、近所のコンビニで、当時の『沖縄タイムス』をプリントアウトしたり、図書館で沖縄の新聞をコピーしました。「これでどうかしら？」と次の授業で資料を渡したら、本当に嬉しそうだったんです。「ありがとう、りんちゃん*」って。

＊甲斐さんのニックネーム。風越学園では子どもも大人も呼ばれたい名前で呼び合う。

鳥羽　彼は本物の探究者ですね。そして、甲斐さんがしっかり学びの環境をつくっているのが素晴らしい。

甲斐　いえ、でも、彼が「短歌は好きではない。おもしろくない。これではやりたくない」と表明したときに、伝えたいことはいっぱいあったのですが、言わずに「どうしたい？」と聞けたことはよかったかなと思います。

彼は、この学習全部をやりたくないと言っているのではなく、アプローチの仕方を変えれば自分はやれると言っているわけです。環境を整えてあげて、子ども自身がやりたいことに打ち込めるのが大事だと思えたのは、それまでの自分にはないことでした。これは単なる「好き・嫌い」のレベルの話ではないのだろうなと。

鳥羽　そうですね。「好き・嫌い」のレベルの話ではないということ、僕もそれは強調しておきたいです。

いまは、「うちの子には好きなことしかやらせません」という子どもに理解があるふうの親が増えています。でも、好き・嫌いレベルの解像度では、やりたいことなんてわからないに決まっています。大人だって自分が好きだと思ってることのなかには、嫌いなこと、めんどくさいことも混じっているはずなんですよ。あらゆる行為には快と不快が混じっているという考え方が精神分析の基本的な知見です。* 親は、そのことを人生の実感として知っているはずなのに、子どものことになると「好きなことだけやらせる」と雑な話にしてしまう。

＊『自我論集』ジークムント・フロイト著（ちくま学芸文庫）などを参照のこと。

甲斐　大人は感覚的にわかっているからいいですけど、子どもはまだわからないですからね。幼いうちは言葉も溜まっていないので、「好きじゃないから、やりたくない！」と拒絶するのは普通です。でも、抽象的な思考ができるようになり、ものごとに深く入り込むことができる中学生くらいの子は、きっと好き・嫌いだけで自分の行動を決めちゃいけないなと、わかっているのではないでしょうか。

では、やりたいことを見つけるにはどうすればいいか。それは、「乗っかってみる力」がすごく大事だと、私は思っています。自分がおもしろくなさそうだなと思うことでも、おもしろがってる人がいるということは、どこかに取っ掛かりがある。本気になって一緒にやってみて、おもしろがれたら、ラッキー。

「どうしてもおもしろがれない……」となっても、そのとき初めて「自分は他のことができます」「これだったらやってみたいです」という発見にもつながる。そうなったらもう全力で応援しますよ。

鳥羽　子どもが飛び込んでみることのできる環境は大事です。好きか嫌いかもわからないままに飛び込んでみる。最初は苦しくても、花火がパーンと打ち上がるように突然「好き！」がやってくることがある。でも、そういった苦しみのなかでしか味わえない、かけがえのない瞬間的な喜びを捨象して、大人は「好き・嫌い」だけの判断で子どもに伝えてしまうことがありますね。

甲斐　最近も、中2の男の子が「りんちゃん、俺ずっとラクなほうを選んできたんだよ。

でもラクな毎日はつまらないと気づいた。きっと苦しいから、楽しいんだよね」なんて言ってきたんです。

鳥羽　すごいなぁ。本質に触れるチャンスが多いと、そういう言葉が自然に出てきてしまうんでしょうね。

言葉の持つ暴力性と可能性

鳥羽　先ほど、ちらっと「抽象的な思考」とおっしゃいましたね。抽象化とは、言語のとても大事な機能です。

「りんごが3個、バナナ5個、みかんが2個、果物は合わせて何個?」という問いに「10個」と答えられるのは、りんごもバナナもみかんも、同じ「果物」だと抽象化して考えられるからですね。

また、抽象化と具体化は、コミュニケーションでも重要な役割を果たしています。自分が細かな悩みを話したとき、相手が「それってつまりこういうことだよね?」と見事に抽象化して言い当ててくれたら、「この人は私のことをわかってくれてるな」と実感できる。

ただその一方で、抽象化には、捨象という暴力が働いていることも見逃せません。*

果物なら大した問題にはなりませんが、例えば「男女」という抽象化はどうでしょう。そういう二つの極ではとらえられない性差があることが、最近になってようやく市民権を

*ウィトゲンシュタイン『論理哲学論考』などを参照のこと。

得つつあるわけです。しかし、ＬＧＢＴという枠組みが一般化したことで、かえってそのことが、当事者一人ひとりの実存の問題への精緻な理解を妨げる現象も見られます。つまり、新しい言葉ができたことで、「多様性」という見立ての上であぐらをかくようになり、便利なカテゴライズばかりがはびこっています。実際には、一人ひとりの欲望の差異を事実上、不問にし、そのせいで他者であるマイノリティの欲望を易々と理解することなどできないという、苛烈な現実認識を遠ざける結果になっているということです。言葉は現実への対応であり、それが常に仮の姿を借りているということを忘れると、むしろ現実の側が言葉に服従することになりかねないのです。

僕たちが言葉を使う際には、具体と抽象の間を往復運動するというのが相互理解の肝ではある。けれど、そこには暴力がついてまわる。その厳しさに自覚的であればあるほど、言葉を学ぶことは苦しくもなる。僕は、言葉の持つ暴力性や苦しさも子どもたちと共有したいと、思っているところがあるんです。

甲斐　確かにそうですね。言葉によって何かを規定したり、切り捨ててしまうことは避けられません。

いまのお話とつながるかわからないですが、風越学園では9年生が「そつたん」（卒業探究）に挑戦します。卒業に向けて、自分自身の「知りたい」「やりたい」という「〜したい」気持ちと、徹底的に向き合って学ぶカリキュラムです。

先日、その初回の授業のときに「そつたんとは、いったい何？」という問いを子どもたちと一緒に考えてみたんです。

でもね、「そつたんとは、◯◯である」という定義を考えようとした途端、みんなポジティブなことを言おうと、誰でも言える言葉を使ってしまうんですね。

「(そつたんとは)全力を尽くすものである」

「(そつたんとは)三年間の集大成である」

私はこのとき、言葉の強固さにビックリしました。「〜〜とは、◯◯である」という文体が持つ危険性、あるいは拘束性に気づいて、「あぁ、どうしたらいいんだろう!」って悩んでしまった。そこで、それならと「そつたんとは、◯◯ではない」と言い換えてみたんです。そうしたら、急に楽しくなってきた。

鳥羽 なるほど。あえて否定形で表現するんですね!* ちょっとしたことですが、子どもの心をくすぐる発想の転換ですね。

甲斐 そうなんです。するといきなり「そつたんとは、勉強ではない」のような言葉が出てきて、「とってもいいなぁ」なんて受け止めることができました。

そのあとも「◯◯のようなもの」とか「◯◯かもしれない」と文末を変えてみたら、定義文が持っていた拘束性から解き放たれていきました。

そうやって解き放たれたあとで、「〜〜とは、◯◯である」に返ってくると、ふしぎなことにユニークな言葉が出てくる*んですよ。

例えば、「そつたんとは、TikTokであり、木でもある」と言い出す子がいる。

*フランスの哲学者ミシェル・フーコーは『これはパイプではない』において、絵画作品の中で描かれた対象だけでなく、その絵を論じる側自体についても考えることが重要だとし、私たちが何かを理解するために、対象についての考えが私たちの頭に自ずと浮かび上がるような仕組みとして、マグリットの絵を取り上げて説明している。絵に添えられた否定形の言葉を通して、自身の認識を撹乱することでその認識に変化が生まれるとともに、言葉のなかに隠されていた論理の前提構造が明らかになるという点で、甲斐さんのこの試みは極めて興味深い。(鳥羽)

*再び「である」に戻るとユニークな言葉が出てくるのは、まさに子どもたちが論理構造の脱構築を行った成果。(鳥羽)

「なにそれ！　どういうこと？」

と聞いたら、

「TikTok には好きなものが山ほどあって、選びたい放題でしょう。そつたんも、TikTok みたいに世界が広がっていくんだよ」

じゃあ、「木」のほうはどういう意味かと言えば、

「そつたんで一生懸命考えたり、『おもしろいな、おもしろいな』って熱中しているうちに、どんどん自分のやりたいことが固まってくるんだよ。木もさ、こういうふうに形が固まるじゃん！　だから卒業探究は、好きなところに解き放たれたあと固まることなのさ」

と。もう、クラス中が「はぁ！　すごい！」って息を呑んじゃったんです。

鳥羽　これはすごい。彼にとって TikTok は世界の可能性の象徴であり、木はその可能性が結実したものなのか。木は枝葉を伸ばして広がっていくけれど、幹を持った一つのまとまりでもある。見事な比喩ですね。

甲斐　もう本当に驚きました。あぁ、場さえあれば、子どもたちは先生の意図したことなんて軽々と越えていくんだと。私たちが子どもに差し出す課題一つとっても、子どもたちから生まれる言葉が違ってくるのだと、つくづく思いました。

親が子どもにできるたった一つのこと

鳥羽　それだけ自由な学びをやっていると、受験にはどんな影響がありますか。

甲斐　まず、自分の進路というものを考えるときに、子どもたちが「入れる高校」という発想で、高校を選んでいないことに気づきました。志望校選びというと、自分の偏差値と学校の学力を比べて、実力的に「入れるかどうか」を基準にして決めてしまいがちです。でも、風越学園の子はそうではなかった。自由な学びは、きっと「自分はどういう人間か」「何をやりたいのか」を知るためにとても有効なのかもしれません。自分に合った学びのイメージを見つけやすいということだと思います。

受験については、卒業生が出てからまだ二年目なのではっきりとしたことは言えないのですが、面接の練習をするとものすごく具体的に自分の学びたいことや、やりたいことを生き生きと話すことができます。卒業生たちの受験先は多様で、日本全国から選んでいるように見えます。実際に北海道、島根、新潟、神奈川、東京、埼玉、群馬、長野、イギリスなどの高校に入学しました。受験も、面接や論文で受けられるような高校を選ぶ子が多くいました。

鳥羽　「入れる高校」という発想ではなく、「何をやりたいか?」から高校を選べるという考えができているというのは素晴らしいですね。

甲斐　ただ、入試前の秋あたりから、本人たちも親も辛そうです。

自ら問いを立て、挑戦して、きちんと振り返ったりして、大事な「学び」はしているんだけど、その分、いわゆる教科書に沿うような「勉強」をやってきた実感がないので、ものすごく不安感があるようです。

親も同様で、先日の保護者会でも、「つい、子どもにあれこれ言ってしまうんです」と嘆く方がいて、親同士で共感の声が上がっていました。

鳥羽　僕も、不安になった親から「子どもを勉強モードにするにはどうしたらいいですか？」と聞かれることがあるんですが、やはり難しいですね。勉強に向かうスイッチを入れてあげられるのは、先生であり、教室なんです。残念ながら、多くの親はスイッチを押す才能に恵まれていない。

甲斐　確かに、親の一言で子どもが劇的に変わることは、あまりないように思います。その代わり、親にしかできない最も重要なことがあります。それは、そばにいてあげること。

鳥羽さんの本にもありましたが、「その子を変えよう」「能力を伸ばしてやろう」と思わずに、「あなたはあなたのままでいいんだよ」と言ってあげる。「がんばれ！」「集中して！」と、子どものやる気を管理するんじゃなくて、寄り添ってあげる。これは、ご家族にしかできないことです。

鳥羽　本当にそう思います。親がいちばん気をつけるべきなのは、子どもの管理者にならないことでしょう。親が管理者になってしまうことは、子どもが家庭という安心して休むことができる居場所を失うことを意味します。そうすると、いつの間にか子どもは窒息してておかしくなってしまう。でも、「勉強しないと、ちょっと私のほうが心配になるんだけど」と、時に自身の感情をそのまま子どもに伝えるのは、決して悪いことではありません。

甲斐　「自分の心配」を「子どもが心配」に置き換えてしまうお母さんお父さんはいますね。それも、無意識のうちに。

鳥羽　そうそう。「このままではこの子が心配なんですよ」と言っても、その実、自分が心配しているだけ。親に必要なのは、自身の不安を、子どものせいにするのではなく、自身の問題として問い直してみることです。

「この子、家で全然勉強しないんです」という相談を受けることもあるんですが、それは家庭が機能している証拠だからあまり心配しなくていい。これは大村はまも言っていますが、家庭は本来勉強するところじゃないんです。親と子どもが、一緒にご飯を食べて「おいしいね」と言い合える、家庭はそういう安心できる場所であればいいんです。

切羽詰まった受験生の親に、「私は、あの子のために何したらいいですか」と聞かれても、「一緒においしいご飯を食べたらいいんじゃないですか」としか言えないですよ。

僕は、塾で教えている人間だから葛藤しながらも宿題を出すけど、家で勉強するというのは家庭の役割と矛盾しているところがある。宿題を出す立場の人たちは、その矛盾に自覚的になる必要があります。

子どもは「感謝しない生きもの」だから尊い

甲斐　風越学園では卒業する9年生になっても、将来の夢を書かせたりしないんです。

鳥羽　それは素晴らしいことですね。

甲斐　子どもたちには将来のことを気にせず、いまやりたいことを精いっぱいやってもらいたい。そこで見えてきたものをちゃんと言葉にしながら、自分のやりたいことを親に伝えて納得してもらう。その先にしか、進路は見えてこないんじゃないかと思うんです。

鳥羽　そのとおりだと思います。僕は、「二分の一成人式」が大嫌いなんですよ。将来の夢や、親への感謝を書かせて発表させるでしょう。でも、子どもは感謝しない生きものだから尊いと、僕は思ってるんですね。

なぜかというと、彼らは「いま」を生きているから。感謝は「過去—現在—未来」という時間性を意識したところに初めて生じる感情です。だから、夢や感謝の気持ちを持たせるのは、「いま・ここ」を生きている子どもたちの思考と矛盾するんですよ。向いてないことを無理やりやらせても、うまく立ち回る姑息さが身につくだけです。

「将来の夢があります」という小学生って、僕はちょっと疑っちゃうんです。「お医者さんになりたい」って、自分の欲望じゃなくて親や親族の欲望を受け取ってしまってるやん、みたいに思ってしまうこともある。その構図が地獄絵のように見えることもあります。

ちなみに僕は子どもの頃、将来の夢はありませんでした。甲斐さんはどうでしたか？

甲斐　この流れで言い出しにくいんですけど……私は、物心ついたときから「うちゃ、先生なるばい！」と言っていたんです。

鳥羽　あら、そうですか。やっぱり甲斐さんは奇特な方ですね。本当に稀にいるんですよね、そういう人が。

甲斐　先生になりたいと思ったのは、四歳頃。それも兄の影響でした。歳の離れた兄が私を相手に先生ごっこをしていて、私も先生に憧れてしまった。私はめでたい人間なので、将来については一度も迷ったことがありません。ずっと先生になりたかった。自分は、たまたまそう願って本当になれたけど、子どもたちには「将来の夢をいま決めなくたって楽しい人生は送れるよ」と伝えています。

鳥羽　それに関連して言えば、僕は「自分を知る、自分になる」*という言葉をよく使うんです。

「自分になる」というのは実は難しい。「自分にならない」ように努めて生きてる人が多いようにさえ、僕には見えます。

「自分にならない」というのは、まず、自分の欲望に従って生きないということ。人間の不自由の形式は、大きく分けて二つあると思います。一つ目には、国家などの大きな権力の抑圧による不自由ですね。そしてもう一つは、他者の欲望で生きてしまう不自由です。これは、親をはじめとする他者の欲望に、自分が乗っ取られる*ということです。これが、親と自分の欲望の境界がわからなくなり、子どもが親の夢を自分の夢として語ることにあ

＊鳥羽和久『親子の手帖』（鳥影社）より。

＊ミシェル・フーコーの「生政治」はこの二つの不自由のハイブリッド型（鳥羽）。

たります。

甲斐　子どもは、親を喜ばせるために、親の希望を敏感に感じ取りますからね。そういうケースはよくあるだろうと思います。

鳥羽　そうなんですよね。一つ目の不自由はある意味ではわかりやすいのですが、二つ目の不自由は自分では認識しづらい。その不自由さがその人のデフォルトの設定になってしまっていますからね。だから、若い人たちにその不自由さから抜け出すレジスタンスを呼びかけることが、近著*で僕がやろうとしたことでした。

*『君は君の人生の主役になれ』（ちくまプリマー新書）。

生徒に慕われているうちは二流

甲斐　鳥羽さんのおっしゃった、子どもはいまを生きてるから感謝しないという言葉を聞いて、大村はまの「仏様の指」というエピソードを思い出しました。大村が若いときに、奥田正造先生*という偉い方に言われたんだそうです。

ある男が引いていた大八車が、ぬかるみにはまって動かなくなった。一所懸命に引くけど動かない。見かねた仏様が、指で大八車をちょんと押したら、やっと抜け出したと。だけど男は、自分の力でぬかるみを脱したと思っている。

奥田先生はこういうんですね。

「こういうのが本当の一級の教師なんだ。男は御仏の指の力にあずかったことを永遠に知

***奥田正造**
一八八四年、飛騨高山生まれ。東京帝国大学で心理学を修め、成蹊女学校校長となる。女子教育に従事するかたわら、茶の湯の指導を行う。大村はまは、自身の教育実践における「理想」は、奥田が大村に一対一で語り聞かせた寓話「仏様の指」から大きな影響を受けていると述べている。一九五〇年歿。

らない。自分が努力して、ついに引き得たという自信と喜びとで、その車を引いていったのだ」

そして、「生徒に慕われているということは、たいへん結構なことだ。しかし、まあいいところ、二流か三流だな」と言われたんだそうです。これは感謝の話に通ずるなと思いました。私も「りんちゃん、ありがとう」と言われているようじゃ、まだまだだなって。

鳥羽 大村のおもしろいところは、子どもと仲よくて、子どもが本当に好きだから仕事が楽しいんです、みたいな先生のことを「子どもに好かれるぐらいで調子に乗んなよ」と思っていそうなところです。その思想の根幹にあるようなエピソードですね。

甲斐 そうですね、大村は休み時間に子どもと遊ぶような教員のことが嫌い（笑）。

鳥羽 子どもと仲がいいだけの先生って、つまりは子どもとの関係について、お茶を濁しているんですよ。大村は、大人のそういうズルいところを決して許さない厳格さがあって、それが魅力です。そして「仏様の指」のお話は、今日の勉強の問題ともつながっていますよね。

数式や化学式が将来なんの役に立つんだって、よく言うじゃないですか。確かに大人になって、生活や仕事で平方根とかイオン式を使う機会は少ない人が多い。でも、それは役に立っていないんじゃなくて、役に立ってるかどうかわからないというだけです。自分の感度というか、世界への解像度が低いだけ。僕はやっぱり勉強したことは、きっとどこかで役に立ってると思うんです。

つまり、先生という存在と共に、勉強や言葉もまた、学んで身につけた分、自分のあずかり知らぬところで身を助けてくれる「仏様の指」と言っていい。それがわからない僕たちは、「自分の力で困難を切り抜けた」と思いたいし、それでいいのだということなのでしょうね。

甲斐　おっしゃるとおりです。

最後になりますが、実は私も福岡の大牟田が出身なんです。口癖も「よか、よか、気にせんでよか」で、子どもたちにもマネされます。今度、鳥羽さんの塾にも遊びに行かせてください。もつ鍋でも食べながら、お話ししましょう。

鳥羽　そうなんですか。大牟田と言えば『見知らぬわが町』*という、当時、高校生だった子が書いた本があります。大牟田の炭坑の歴史を深く調べていくうちに、住み慣れたはずの町の風景の見え方が変わっていく。歴史の地層に埋もれかけている囚人労働者たちや、朝鮮人労働者たちの声を聞き分けていくうちに、安定していた世界に裂け目が生じて、自身にも避けられない内的な変容が訪れることを描いたこの本、甲斐さんが単元でなさっていることと深いつながりがある気がして、オススメです。甲斐さんと、もつ鍋をつつく日を楽しみにしています。

＊『見知らぬわが町——1995真夏の廃坑』
中川雅子著。葦書房より一九九六年に刊行。自分探しのなかにいる高校1年生が、自転車でさまようなかで住み慣れた大牟田の町の風景を読み替えていく。

第6章

からだが作り変えられる学び

平《ひら》倉《くら》圭《けい》

専門は芸術学。横浜国立大学大学院都市イノベーション研究院Y-GSC准教授。1977年生まれ。著書に『かたちは思考する——芸術制作の分析』『ゴダール的方法』などがある。2023年4月から24年3月までヴィクトリア大学ウェリントン（ニュージーランド）客員研究員。3児の父。

ニュージーランド公教育の現場から

鳥羽　平倉さんに直接お目にかかりたくて、単身でニュージーランドまでやってきました。

平倉　はるばる来てくださってありがとうございます。正直、びっくりしました。

鳥羽　横浜の大学で芸術論を教えていた平倉さんですが、いまはサバティカルでウェリントン*にいらっしゃると知って。いやー、遠いなぁと思ったのですが、やはり平倉さんとは面と向かってお会いしないと、というか、からだを向き合わせて喋らないと対談の意味が薄まってしまうような気がしたんです。これは、平倉さんのこれまでのお仕事に対する僕なりの一つの答えです。

　今朝、平倉さんのお子さんたちが通ってる小学校を見学させていただきましたね。とても刺激を受けました。硬直化したカリキュラムではなく、自由度の高いフレキシブルな学習をしているのがすぐに感じられました。さらに、自由でありながらも、子どもたちに伝えるべきことはちゃんと伝えるぞ、という先生たちの気概も同時に感じられました。実際にお子さんを通わせて、こちらの学校にどんな印象を抱きましたか？

平倉　子どもたちは地元の公立校に通っているのですが、とにかく自由でリラックスしています。教室では、床に座っても椅子に座ってもいい。靴を履いていても履かなくてもい

***ウェリントン**
ニュージーランドの首都。日本からの直行便は運航されていない。

い。先生たちもくつろいでいて、子どもにも保護者にも気さくです。決まった教科書はなく、子どもたちは先生が用意する課題や実践をきっかけに、各自のペースと興味関心に沿って探究を広げていく。その自由さがいいなと思いました。

子どもたちはこちらの学校を気に入っていて、日本に戻れるか心配なくらいです。先生は一つの教室に二、三人体制で、子どもたちと一緒に活動することもあれば、教室の隅にいて、必要なときだけサポートをすることもあります。

鳥羽　先生たちはあくまでも補助なんですね。それにしても、一クラスに複数の先生が常駐しているのは贅沢です。

平倉　そうですね。子どもたちが通っている小学校は、少人数ということもあって二学年で一クラスになっています。さっき小学校を訪問した際に、鳥羽さんが校長先生に質問されましたよね。「自由に育てている分、リスクも生じると思うけど、自由とリスクのバランスはどうやって取っていますか?」と。それも「一クラス複数体制」につながる話でした。

鳥羽　それは、自由にはリスクが付きものだから、先生が一クラスに複数いることで安全が担保され、そのおかげで自由な空間が実現できている、という意味でしょうか。

平倉　ええ。規律で管理せずに子どもの自由にさせる――と言葉で言うのは簡単ですが、とりわけ低学年では、自由は思いがけない危険と隣り合わせになる。

鳥羽　このときに校長先生が「すべては予算の問題なんだ」と、はっきりおっしゃっていたのが印象的でした。

平倉　先生を複数つけられるのも、実験的な教室空間をつくれるのも、あくまで予算があってのこと。ちょうど、これから学校の教育方針を教育省に伝えて予算を取りに行くところだ、と話されてましたね。

鳥羽　ニュージーランドでは、校長の裁量が大きく認められているんですか。

平倉　そのようです。教育省が設定した目標を、各学校がそれぞれの仕方で解釈してカリキュラムを組む。同じ公立校でも、もっと整然と配置された机に向かって勉強するところもあり、学校ごとに異なる個性があります。それは各学校の伝統であると同時に、地域の特徴も反映している。地域の平均的な経済水準や、エスニシティー（民族）構成によって、学校の特色は変わってきます。私の子どもたちが通っている学校では、生徒の多様性と、カリキュラムの柔軟性・横断性に大きな特色があります。

鳥羽　具体的にはどんな授業が行われているんですか。

平倉　授業については、子どもたちの話を通して断片的に知るだけなのですが——印象的だったものにこんな授業がありました。

低学年の移民生徒向けの英語の授業で、ニュージーランド固有種の鳥についての本を読んでいたとき、先生が教室から中庭に出て、鳴き真似を始めたそうです。すると実際にその鳥が飛んできたんです！　子どもたちはそこで、言葉の勉強から、生き物の観察へと連続的に移行します。本に書かれていた言葉が、生きた世界のなかで命を得る。*

さらに授業を重ねると、ニュージーランド固有の生態系とそれを生んだ地理、島にやっ

＊語学の授業のなかで、人間の言葉から動物の「言葉」への横断が起きているのもおもしろい。（平倉）

てきた人と人が連れてきた哺乳類によって生態系が破壊されていること、先住民マオリにとっての鳥の重要性などへと学習が広がっていきます。生きた環境に触れながら、言語・生物・地理・歴史・文化など、特定の教科にとどまらない学びの場がつくられている。

　高学年になると、ガーデニング（園芸）とビーキーピング（養蜂）が中心的なプロジェクトになります。学校に隣接した畑で野菜を育て、収穫して調理する。巣箱でミツバチを育ててハチミツを採り、ラベルをデザインして販売する。ここでも生きた環境のなかで、複数の教科にまたがる実践が行われています。子どもたちは自分たちで試し、観察し仮説を立て、またＤＩＹ精神*に富んだ地域の大人たちから技を学び、成長していく。どの場面でも、大人も子どもたちもリラックスしていて、とにかく楽しそうなんですよ。

　もう一つ大きな特徴を挙げるとすれば、学校の理念に「どうやってレイシズム（人種主義）を乗り越えるか」という視点が入っていることです。

鳥羽　それはすごいな。日本ではなかなか考えられないことですね。

平倉　ニュージーランドは移民大国なので、当然生徒にも移民ルーツの子が多い。私の子たちの通う小学校では、四十カ国くらいの異なるルーツの子が集まっています。それぞれ異なる文化で育ち、いろんなバイアスを持っている。学校では、そのバイアスを頭ごなしに否定するんじゃなくて、互いのバイアスを持ち寄り比べてみようと。そういう機会がカリキュラムに組み込まれています。私たちも移民として来ているので、一年間だけですが、そういう環境で学べるのはラッキーですね。

＊ＤＩＹ精神
do-it-youself の略。専門家に任せず、自分で何でもつくってみること。ＤＩＹ精神はニュージーランド文化の大きな特徴の一つ。（平倉）

鳥羽　本当にいい経験になりますね。

日本では多様性《ダイバーシティ》という言葉が実質をともなっていません。この言葉は、いまや中学公民の教科書にも太字で載っていますが、子どもたちだけでなく、教える側の大人さえも、その言葉の本体のようなものがわからないままに多用している。多様性というのは混沌とした収まりがつかないものなのに、それが単なるイマどきの言葉として消費されている。それに比べて、この地でダイバーシティ教育が根付いていることは羨ましいし、子どもたちにとってはシンプルに刺激的だろうなと想像します。

平倉　先ほどの予算の話にもつながりますが、ダイバーシティの実現のためにも予算が必要です。多様性という言葉には、国籍や民族的ルーツだけでなく、個々人の心身のさまざまな特性も含まれます。

例えば、授業中にバーッと外に飛び出していってしまうような落ち着きのない子が、同じ空間で学ぶためにはどうすればいいか。そのためには専門のスタッフをつけるしかないわけで、そこにもお金がかかる。ダイバーシティの実現も絵空ごとじゃなくて、具体的な予算と人員の話になるんです。

鳥羽　なるほど。そういったリアリティがニュージーランドでは感じられます。実際にやるためにはまずは予算なのだ、というプラクティカル*な話になるところが非常に頼もしいです。

＊プラクティカル　実際に役立つさま。実用的。実践的。

なぜ入学式で「カパ・ハカ」を踊るのか

鳥羽　今日は公立の小学校だけでなく、公立の高校も見学しましたが、どちらの学校にも共通していたのが、先住民族マオリのカラーを全面に打ち出していることでした。

現代で伝統的な文化を扱うとなると、単にファッションとして消費されたり、すでに死んで標本化したものを死体のまま生きたように再現するような、ある種グロテスクな展示がなされたりしがちです。ところが、ここではちゃんと土着のものとして向き合っているように感じられました。それらは守られるべきものというよりは、いきいきと生かされるべきものとして扱われているように感じられました。

平倉　マオリはまさに生きた文化です。また、それを生きたものとして「取り返す」ための実験が絶えず行われている。背景には、ニュージーランド——マオリ語では「アオテアロア（長く白い雲のたなびく地）」——において、ヨーロッパ系入植者たち（パケハ）がマオリから不当に土地を奪い、戦争で殺戮《さつりく》し、社会的・経済的な苦境下に抑圧してきた長い歴史があります。一九六〇年代まで、学校でマオリ語を話すと体罰を受けるような状況だったと近所の人から聞きました。マオリの文化は一度、強制的に潰されかけたんです。

一九七〇年代から高まるマオリの復権運動のなかで、立ち返るポイントとなったのが一八四〇年に締結された「ワイタンギ条約*」でした。これは、イギリス女王とマオリの首長たちの間で結ばれた条約で、条約締結の際に英語からマオリ語に翻訳されていますが、英

＊ワイタンギ条約
英国の君主と先住民マオリとの間で一八四〇年に締結されたもので、ニュージーランド最初の条約と考えられている。同条約締結を機にニュージーランドは英国植民地となる。条約の英語版と翻訳されたマオリ語版に相違があり、土地を含む財産の権利に関する条約の履行を求めて議論が続いている。

語で読むとマオリは「主権（sovereignty）」をイギリスに全面的に譲渡したことになっている。ところが、マオリ語版ではイギリスは「監督*」を行うだけで、土地を含むマオリのすべての「宝*」についての権限は、マオリの首長が有すると謳われているんです。つまりマオリの首長たちがサインしたのは、マオリとパケハが共同で土地を管理するという条約だった。

この条約はその後、長く無視されていましたが、マオリの復権運動の展開と一九七五年に制定された「ワイタンギ条約法」を通して、マオリ語で書かれた条文の意義が再認識されたんです。そこからこの国は、どうやったら先住民マオリと入植者の子孫による「共同統治*」を実社会で実現できるかを模索し始めた。これは、アオテアロア／ニュージーランドという国家のかたちを構想し直す現在進行中の実験です。学校でマオリの文化が重視されているのも、このワイタンギ条約の理念に基づいています。

鳥羽　興味深い話です。では、先ほど学校で見たマオリカルチャーは、この国のあらゆる教育現場に浸透しているという認識でいいんですか。

平倉　現実には地域や学校によって大きく異なりますが、理想はそうです。マオリ語とニュージーランド手話*は、英語とともにこの国の公用語になっていて、子どもたちはその二つの言語も楽しそうに学んでいます。

先日、小学校で入学式があったんですが、マオリの歓迎の儀式「ポーフィリ*」に部分的に則して行われるイベントでした。儀式はマオリ語での挨拶のあと、マオリの先生が手に

*「監督」はマオリ語でkāwanatanga。

*「宝」はマオリ語でtaonga。ここには土地とそこから取れる物質的資源だけでなく、聖地や先祖の系譜や言語のような、非物質的なものも含まれる。

***共同統治（co-governance）** 現在のアオテアロア／ニュージーランドの政治的争点となっている言葉だが、共通の明確な定義はない。大まかには、マオリ語版のワイタンギ条約に基づき、土地を含む財産の管理に関して、マオリ部族（イウィ）と政府・地方自治体が意思決定上の対等なパートナーとなることを意味する。（平倉）

***ニュージーランド手話** ニュージーランドの聴覚障害者コミュニティの主な言語。二〇〇六年、英語とマ

枝を持ち、呼びかけの言葉を唱えつつ波のように手招きして、新入生と保護者たちを建物へ導いていくところから始まります。招き入れられて、大きな建物のなかに入ると、全校生徒の迫力ある「カパ・ハカ」*によって迎えられる。それを受けて新入生の保護者たちが母国語で感謝を伝えるんです。

マオリ文化を一種のファンダメンタル（土台）としつつも、多様なバックグラウンドの移民たちをそこに受け入れる。まさにこの国の理想の一つが示されていますね。しかもそれが堅苦しくなく、リラックスしたイベントとして行われているんです。

鳥羽 真面目くさった感じで、「反省しています」という感じじゃないところがいいですね。

平倉 ええ。入植者によってマオリの土地が奪われ、命が奪われる悲劇的な過去があったことは片時も忘れることができない。でもそこで、反省と謝罪によって問題を一挙に過去のものとして済ませるのではなく、実際にいま同じ土地の上で、マオリとパケハという大きな二つの異なる文化が、あるいは他の移民たちの文化が、どうやって共存できるのかを実験しようとしている。それも歌ったり踊ったり、食べたり読んだり話したりする、生きたからだのあり方として。

私の生活拠点はウェリントンなので、国全体の話として一般化することはできませんが、この街にはそういう空気が満ちていますね。ただ二〇二三年十月の総選挙では政権交代が予想されており、*教育制度や「共同統治」の見直しが争点になっているので、国のあり方

オリ語に次いで、ニュージーランドで三番目の公用語になった。一八〇〇年代、イギリス移民によってもたらされたイギリス手話が現代に至るまで継承され、進化を遂げてきた。

*** pōwhiri（ポーフィリ）** マオリに伝わる歓迎の儀式を指す。一部ではpōhiri（ポーヒリ）とも。主にマオリ集落の中枢をなすマラエ（集会場）に訪問者を迎えるときに行われる。

*** カパ・ハカ** 先住民マオリの伝統的な芸能で、歌とかけ声と踊りからなり、特別な行事の際に集団で行われる。足を踏み鳴らし体を叩いて舌を突き出す戦闘的な「ハカ」がよく知られるが、それ以外の合唱や踊りも含まれる。学校ではマオリの先生によって指導が行われる。

は変わっていくかもしれません。

染み付いてしまったからだのこわばりについて

鳥羽　そもそも、僕が平倉さんに関心を持ったのは『かたちは思考する』*という論集を読んだのがきっかけでした。

平倉　この本を出版したとき、鳥羽さんから「とらきつね大賞*」をいただいたんですよね。それはもうすごく感動したんですけど、当時面識がなかったじゃないですか。鳥羽さんに響いたのはなぜか、不思議だったんです。

鳥羽　誤解を恐れずに言えば、この本は多くの人を勇気づける一冊だと思いました。平倉さんは芸術学を専門にされていますが、この本では、芸術を「人間に働きかける力を放つもの」としてとらえています。芸術を特権化することを注意深く避けながら、「社会的な作用者（＝エージェント）」として見ている。これは人類学的な見方でもあるかと思うんですが、平倉さんはさらに、その作用は造形的に発生する、つまり「かたちは思考する」と言うわけですね。

　芸術についての語りは、「芸術とアクシデント的に出会う」といったように、偶然性をドラマティックに論じる方向にいきがちです。ところが平倉さんは「かたちがすでに思考しているんだから、その瞬間に目を凝らせ」と言うわけです。「とにかく見よ」と。そこ

*二〇二三年十月の総選挙ではこれまで六年間政権を担ってきた労働党が敗退し、国民党・ACT党・NZファースト党による右派連立政権が誕生した。このうちACT党は「共同統治」の見直しを選挙中から公言しており、今後の国の行方が注目される。初等・中等教育の変化は、この注を書いている二〇二四年二月の段階では、学校で携帯電話の使用が禁止されたこと以外にはまだ起きていないが、宿題を増やし、低学年から学力テストを実施するなど、いわゆる「勉強」を強化する方針が取られるようだ。（平倉）

*『**かたちは思考する——芸術制作の分析**』平倉圭著。東京大学出版会より二〇一九年に刊行。セザンヌからスミッソンに至る近現代美術、ゴダールの3D映画、トンネル工事の記録写真、同時代の演劇や

には「偶然性」という言葉がカジュアルに使用されるときに置き去りにされがちな、「かたち」と向き合うときの厳しさみたいなものが宿っている。

僕は今回、いろいろな方と対談するなかで「教育とは子どもを見ることだ」と言っているんですが、平倉さんの芸術論もそこに接続できるなと。だから今回「学び」をテーマにした対談をお願いしました。

平倉　なるほど。教育的関心からも読んでいただけたんですね。

鳥羽　もちろんそういう読み方もしたんですが、でも、それだけではありません。僕個人として、とても元気をもらったんですよ。というのも、平倉さんは芸術作品を見るときに、鑑賞者は「作品に巻き込まれる」と言うでしょう。自分のからだをすべて作品の側に預け、そこでいままでの自分とはまったく異なるからだがつくられると。

この「からだを作り変える」という話が、僕にとっては一種の解放であり、福音のように響きました。自分が幼少時代からとらわれていた、からだの「こわばり」を解除するためのヒントがたくさん含まれていると感じて、切実に読んだんです。

平倉　いやぁ、そこまで実存的に読んでくれたなんて嬉しいです。評価していただいたわけが、ようやく腑に落ちました。ちなみに「からだのこわばり」というのはどういったものだったんですか。

鳥羽　まず、学校の体育の授業がめちゃめちゃイヤだったんですよ。「体操座り」とか「前にならえ」とか、昔の体育は規律訓練として行われていたでしょう。自分のからだの

ダンスまで多様なジャンルを包摂してひろがる「芸術」という営みを一貫した方法論的精密さで分析する芸術論。

＊とらきつね大賞
福岡市の唐人町寺子屋1階にある新刊書店とらきつね（店主は鳥羽和久）が直近一年に発売された新刊書籍から特にオススメしたい本を選ぶブック大賞。『かたちは思考する』は二〇一九年に受賞。

可能性を自由に試すような運動だったら、もっと好きになれたと思うんですよね。そのせいで、ずっと運動全般に対する苦手意識があって、からだがこわばっていたんです。

しかし、もっと大きな要因がありました。

キリスト教です。実家がカトリックだったので、僕も三歳から毎日欠かさず教会に通っていたんです。教会では、硬い木の床の上で、一時間以上、正座で座っていなくちゃいけない。おかげで足の甲には常に大きな座りだこがありました。

いまとなって考えてみると、教会で辛かったのは、告解*です。自分の犯した罪を、神父に定期的に告白しなくちゃいけない。悪いことをしたなと思ったら、それを心に留め、罪をカウントするんです。今日、僕は嘘を四回ついて、そして友人の圭一くんに対して悪意を感じた、そしてお母さんから注意されたことに心で反発した……というふうに。反省は言動だけでなく内面にまで及びます。この時期に「罪深い自己」というものを徹底的に内面化したのだと思います。

思春期になって少しずつ教会から遠ざかり、十八歳以降はほとんど行かなくなりました。そうしたら二十歳を過ぎた頃に、スティグマ*だった座りだこはいつの間にか消えて、少しずつ「こわばり」と向き合うことができました。とはいえ、四十代になってもこわばりの感触は生々しく残っているし、いまだに不自由だとも感じています。そんな僕にとって、新たに「からだ」を作り変えるヒントを教えてくれる『かたちは思考する』は解放の書でした。

＊告解
ローマ・カトリック教会で、信徒が神と司祭の前で犯した罪を告白すること。

＊スティグマ
この場合、周囲から否定的な意味づけをされた負の烙印の象徴のこと。

平倉　幼少期の鳥羽さんのからだは、カトリックを通して「こわばり」を持つからだに造形された、と。宗教には強い強制力があって、人のからだを巻き込み、作り変えるわけですが、同じことが芸術にも言えるというのが『かたちは思考する』の立場です。

というのも、芸術作品をよく見るとき、見る人のからだが作品に巻き込まれ、そのからだが、ある意味で「変形」してしまう。それまでの自分とは異なる見方や動き方を、作品とともにしてしまう。同時に、見る人のからだのほうも作品を巻き込み、作品の新たな相貌を見えるようにする。その体験にこそ、芸術に触れるおもしろさがあります。私の研究の中心的関心は、見る人のからだと芸術作品が互いを巻き込み合うときに、そこから生まれてくる新たなパターンを記述することです。

人間は言葉だけで考えるわけではありません。造形そのもののなかで働く非言語的な思考があります。なぜこのかたちを、ここに、この色で配置したのか？　そういうなかば無意識的な判断に働いている思考です。造形物に残された非言語的思考は、見る人のからだを巻き込むことで、見る人のからだへと延長されます。芸術作品をよく見ることで変形してしまう鑑賞者のからだそのものが、芸術作品とともに「思考」するんです。

鳥羽　いまの話を聞くと、抽象的なアイデアだと誤解される読者もいるかもしれません。ですが、平倉さんは芸術との向き合い方をある種の生々しさをともなった、リアルな体験として描いている。そこに説得力があります。

平倉　鳥羽さんは教会の硬い木の床に正座し、罪を数えるという身体的な営みを通して、内面化された罪を生きる――つまりそのような心身のかたちで「思考」していたわけですね。罪人として神に告解するというシステムに、幼い鳥羽さんは全身で巻き込まれ、文字通りからだが「変形」して、足にたこもできていた、と。

　鳥羽さんのキリスト教体験を聞きながら、自分のことを思い出したのですが、私の場合キリスト教との出会いは一種の解放でした。

鳥羽　そうなんですか。いつ頃のことですか？

平倉　私自身はクリスチャンではないんですが、東京の三鷹にある国際基督《キリスト》教大学（ICU）で人文学、特に哲学を学びました。「Cコード」というのがあり、教授はみなクリスチャンで、直接的にキリスト教と関係ない授業でも常に「キリスト者として自分はどう考えるか」という視点が明示されていた。例えばニーチェ*の授業のときに、キリスト者としての考えが語られる。それはとてもスリリングでした。

　ICUはキリスト教の教義を押し付けるのではなく、むしろ生まれ育った個別具体的な社会や文化を超越する「普遍性」への希求という形で、キリスト教の理念を見せてくれたと思います。また、これはキリスト教というよりアメリカ合衆国の文化と言うべきですが、英語で行われる授業では先生と生徒がファーストネームで呼び合い、フラットな形で議論が行われる。階層が取り払われ、出自から切断された場所*で対等に議論できたのが大きな解放だったんです。それが自分にとってはキリスト教（＋アメリカ文化）との出会い方でした。

＊ニーチェ
一八四四年生まれ。ドイツの哲学。ヨーロッパ文明・キリスト教と対決し、「神は死んだ」の言葉で知られる。主著に『悲劇の誕生』『ツァラトゥストラはかく語りき』ほか。一九〇〇年歿。

＊当時の自分にとって出自からの切断は解放であったが、現在の自分にとっては出自の歴史的複雑性を考えるほうが興味深い。しかしそれは、一度出自の切断（という虚構）を通して、個としての自分を対象化できたからだろう。（平倉）

言葉が息を吹き返す

鳥羽　平倉さんは言語による思考だけでなく、非言語的なからだの思考も重視されています。その点に僕はひかれるわけですが、一方で教師としては葛藤も覚えるんです。

平倉　どういうことでしょうか?

鳥羽　僕は塾で全科目を教えるんですが、あえて専門を一つ挙げれば国語になります。学校の授業と並行した5科目の指導とは別に、国語の読解のみを扱う「国語塾」をやっている。そこで子どもたちには、「学びとは、言葉を獲得することだよ」と伝えています。言葉を得ることで思考が深まり、世界そのものが広がるんだよ、と。

ところが、『かたちは思考する』で僕が読み取ったのは、言葉に代表される象徴化は、一方で世界を縮減してしまう方向に作用する、ということでした。

自分自身を振り返ると、告解とは、罪という曖昧な概念を言葉によって恣意的に立ち上げていく行為でした。ということは、僕は正座だけでなく言葉による内省によって自分のからだをこわばらせてしまったのかもしれない。言葉のせいで未知で不確定な事象に全力でぶつかる経験を遠ざけたのかもしれない。そんなことを思いました。言葉の獲得についての正の面と負の面が浮かび上がったときに、子どもの前で立ちすくんでしまう自分がいることを感じます。

平倉　その点については、言葉の習得に関してどの段階にあるかが重要な気がします。私は大学生に教えていますが、鳥羽さんは小中高生を教えているわけですよね。その年代の子には、そもそも言葉が足りていない。だから、どんなに未知の事象に全力でぶつかったとしても、その体験を言葉によって自分に定着させることが難しい。

鳥羽　そうか。せっかく出会っても、言語化し、それを蓄積しないとその体験はからだに馴染んでいかない。

平倉　ええ、思春期前後の子どもたちにとっては、自分の感覚を言葉にしようとすることと同じかそれ以上に、他人が書いた文章をたくさん読むことが大切なのではないかと思います。新たな言葉を学ぶことで、初めてつかむことができる自分の感覚があるからです。

まずは多くの文章に触れて語彙を習得し、自分に響く文体を知り、言葉の技術を自分のものにしていけばいいのではないでしょうか。その年代の子どもたちの教育現場にかかわってないので、的外れかもしれませんが。

鳥羽　いや、なるほど。確かにそうですね。小学生たちは言葉が蓄積されていないから、他人の言葉に乗っかることも大事です。そうやって他者の言葉を獲得していくなかで、でもやっぱり他人の言葉ではこの唯一無二の実感はとらえきれない、という葛藤を覚えて、少しずつ背伸びをするような感じで、自分の表現をつかみとるのがリアルですね。むしろ小学生に対して「自分の言葉で書こう」のように言う大人のほうが信用ならない。

平倉　そう思います。別の角度から言い直してみましょう。

「非言語的思考」の説明をするとき、私はよく登山を引き合いに出します。整備されていない山道では、斜面に対するからだの動かし方は即興的に決まっていく。極端に難しい斜面でなければ、「ここの根っこをつかめる」「ここに足が掛けられる」といった判断は、言葉で考えることなしに、なかば無意識的に、からだを動かすことでなされていく。このとき人は、からだで思考している——斜面という「問題」をからだで「解いて」います。

芸術作品の鑑賞にも似た部分があります。作品はいわば暗い斜面です。そこにどう足掛かりをつけていけるのかは事前にはわからない。いくら知識がある専門家でも、作品をどう見たらいいのかは、あらかじめわからないんです。とにかく作品の具体的な細部を一つひとつ、目でつかまえて、そこからどういうルートをたどれば「わかる」という経験が生まれてくるか、毎回試行錯誤する。そのとき頼りになるのは、漠然とした予兆とか響き合いの感覚で、最初は言葉にならない。

絵を見るときは、画面の上を何度もたどりながら、なかに入っていきます。ルートはいくつもあり、何度もたどり直すことで、しだいに「わかった」と言いたくなるような状態が生まれてくる。この理解のプロセスは非言語的です。言葉にならない複雑な感覚のまとまりを、大きな星座を見渡すように、ギリギリつかまえる。

でも、このプロセスだけだと芸術鑑賞の半分しかとらえていません。というのは、絵のなかで、いまどれほど特別な感覚を得ていたとしても、それを言葉にしないと、持ち帰ることも共有することもできないからです。感覚は、絵の前を離れたそばからどんどん消えていきます。

だから私は授業で「概念化*」を重視しています。芸術作品に巻き込まれながら経験した非言語的思考を、不十分でも言葉にしてみる。絵のなかでからだが見つけたパターンに、一つの名前を与えてみる。そうすることで、自分のからだがつかまえた一度きりの特殊な感覚が、何度も思い出すことができ、他者と共有しうるものに変わるんです。

反対に、ただ言葉の上だけで知っていた事柄をからだで実感して、言葉が息を吹き返すということもあります。また登山の例を出しますが――「分水嶺*」という言葉がありますね。山の尾根を歩いていて「分水嶺」という標識に出会ったとき、初めてその言葉を身体的に理解しました。山の浅い地下を走る水脈が、ここで尾根の両側の斜面に分かれるのだ、と。

そのとき尾根の上の自分も、水脈と同じように二つの斜面に引き裂かれて、もし自分が水なら、一方の道を選んだら逆戻りはないということがはっきりわかる。向こうの山々を見渡すと、そんなふうに逆戻りできない分岐面がいくつも折り重なっている。ああ、歴史の「分水嶺」とはこんなふうに偶然的な、しかし後戻りできない地形の一点を指すのだな、と。自分のなかで日本語が復活する感覚があって、興奮しました。

鳥羽　なるほど。言葉とからだが相互に作用して、学びと言葉が否応なく深まっていく様子がよくわかる解説です。「言葉が息を吹き返す」というのは、まさに僕にとって他に代えがたいと感じられる「学び」の経験そのもので、お話を聞きながら胸が躍りました。

＊概念化
個別の事象が有する一般的な性質やパターンを抽出してまとめあげ、名を与えること。（平倉）

＊分水嶺
水の流れの分かれめになっている山の尾根。そこから転じて「物事がどうなっていくかが決まる分かれめ」の比喩として用いられる。

抑圧された環境から「爆発したからだ」

鳥羽　ちなみに、平倉さんの仕事を考えるうえで「山」は避けては通れませんね。『かたちは思考する』には、「断層帯を貫く」という『熱海線丹那隧道工事写真帖』を論じる文章が収録されていて非常に感銘を受けました。

平倉　一九三四年に開通した丹那トンネル*の工事現場を撮影した写真集ですね。この工事は伊豆半島の付け根の断層帯を貫いたために一六年という長大な工期がかかり、六十七人の死者を出した極限的な工事でした。その建設過程を記録した写真について論じています。

鳥羽　そこで平倉さんはこう書かれています。「トンネルを掘ることは、複数の時間で動き続ける大地の内部に、一貫した時間と空間を得ようとすることだ*」と。

　この文章には、僕がいわゆる教育を通してやりたいことのヒントがある気がしました。「複数の時間で動き続ける大地の内部」という言い回しは、日ごろの授業で目の前にいる子どもたちに対して思うことです。彼らは複数の時間で動き続けていますから。

　そこに一貫した時間や空間を通すのは、彼らの言葉でいうと「無理ゲー」に近い。かといって一貫性を通すのは「悪」だから諦めるのも違う。そんなことを考えながら、自分の問題に引き寄せてこの論考を読みました。

平倉　なるほど。個人的にもこの文章は実存的に重要だったので、鳥羽さんにも自分ごとのように読んでもらえたのかもしれませんね。

***丹那トンネル**　東海道本線熱海駅と函南駅の間を結ぶ全長七八〇四メートルのトンネル。一九一八年着工、一九三四年完成。伊豆半島北部の断層帯を貫いたため、工事中大量の湧水と崩落事故を招いた。一九三〇年にはこの断層を震源とする北伊豆地震が起きている。

＊『かたちは思考する』（平倉圭著）一三七ページ。

この文章以前の私は、芸術を主に「知覚」の問題として考えていました。芸術は、人の知覚を変え、そうすることで人が生きている世界を変える。そう考えていたんです。私の博士論文はフランス／スイスの映画作家ジャン゠リュック・ゴダール*についてのものなのですが、そこではゴダールが複雑な編集を通して観客の知覚を撹乱し、新たな現実を生み出すという理路を論じています。『ゴダール的方法』*という本として二〇一〇年末に出版しました。

しかし、その翌年三月、東日本大震災が起こります。

津波で多くの人が亡くなり、福島第一原発の事故で放出された放射性物質により人が住むことができない土地が生まれた。放射線は生身の身体では知覚できません。しかし確実に身体を壊す。そういう物質的現実に直面したときに、「知覚の変化が世界を変える」という自分の芸術論はなんて弱いものだったのか、と痛感したんです。知覚の撹乱だけでは世界は変わらない。私の研究はこの世界の物質に根ざしていなかった、と。それから一年、研究もできなくなりました。

その一年間は、どうやったら物質に根ざした研究ができるだろうと考え続けていました。山や海によく行くようになったのもその頃です。とはいえ、これまで芸術の研究をやってきた私が、いきなり地質学者になれるわけではありません。

そんなときに、友人の写真家が『熱海線丹那隧道工事写真帖』を教えてくれたんです。そこに載っていたのは、当時の人にとっては予知不可能だった数々の地質学的出来事に直

＊ジャン゠リュック・ゴダール
一九三〇年生まれ。フランス／スイスの映画監督。独創的なカメラワークや編集技法によって映像表現の世界に革命をもたらす。代表作に『勝手にしやがれ』『石側に気をつけろ』『映画史』など。二〇二二年歿。

＊『ゴダール的方法』
平倉圭著。インスクリプトより二〇一〇年に刊行。

面した工事の過程でした。動き続ける断層帯を貫いて、かろうじてトンネルのかたちを確保する。そのようなプロセスを言語化することを通して、自分にとっての「書くこと」を物質に根ざした仕方で再発明できないか。そういう実存的な動機で書いたのがこの文章だったんです。

鳥羽　それほど追い詰められながら書かれた文章だったんですね。セザンヌの風景画《サント＝ヴィクトワール山とシャトー・ノワール》[*]を分析された論考も、まさに山に分け入るような文章でした。

平倉　これを書いたのも二〇一二年ですね。サント＝ヴィクトワール山をかたちづくる堆積と褶曲《しゅうきょく》と風化という長大な地質学的スケールの時間に、一人の人間のからだがどのようにして出会うか。それは現在につながる研究テーマの一つになっています。

からだの作り変えについてもう少し話すと、セザンヌやマティス、ピカソといったフランス近代画家たちとの出会いでも、私はからだの解放を経験したんですね。

彼らの絵画には、私とは全然違うからだがあります。一見簡略に描かれていて、印刷で見ると「これで本当に完成なの？」とすら思える。セザンヌの風景画なんて、しばしば何が描かれているのかわからない。それでも現物の前で、置かれた絵具の群れを根気よくたどり続けていると、あるとき、光と風と匂いに包まれる感覚がぶわっと立ち上がってくる。そこには、私とはまったく別のからだによる感覚の組織化があるんですよね。

鳥羽　平倉さんは「研究者」っぽくなくて、感性がアーティスト寄りですよね。「別のか

＊《サント＝ヴィクトワール山とシャトー・ノワール》　ポール・セザンヌによって一九〇四〜〇六年頃に制作された。東京のアーティゾン美術館蔵。セザンヌの生まれ故郷である南仏・エクス＝アン＝プロヴァンスの東にそびえる石灰岩の山、サント＝ヴィクトワール山を描いた連作の一つ。

らだ」に反応してしまうところとか。

平倉　確かに、そうかもしれません。実際のところ私は、論文を書くことより、作品を見るからだがどう変容するかに関心があります。セザンヌやマティス、ピカソといった画家たちの異質なからだと出会うことで、自分自身のからだが変容していく。その未知に踏み込む喜びがモチベーションなんです。

鳥羽　平倉さんがキリスト教や西洋近代画家との出会いで解放されたということは、解放以前には「なんとかして、自分のからだを作り変えたい」という欲求があったのでしょうか。

平倉　ええ、強くありました。教育の話で言うと、日本の学校は子どもの動きを抑制する社会ですよね。で、私は社会の要求に合わせて自分のからだをコントロールするのが実は得意だった。それでもなお自由を失ってない、という強い自負心もあって。

鳥羽　そうですか、僕とは真逆だ。だから平倉さんに憧れるところがあるのかもしれない。

平倉　私には、むしろそれがコンプレックスでしたよ（笑）。

自分のからだを抑制できて、学校の勉強もかなりできてしまった。しかし同時にそのことを「耐えがたい」と感じる感覚もあって、ときどき爆発してしまうんです。高校生以降はコントロール不能に陥ることが増えて、最後はなかば不登校に……。出席日数ギリギリで卒業したんです。

鳥羽　すごい反動だ。でも、抑制された子どもがそうなるのはよくわかります。

平倉　高校は東京の進学校だったんですが、少なくない生徒が、他人と比較した自分の「優劣」に不安を抱えているように見えました。その不安からか、イジメも生じていた。

私はそういう環境に馴染もうとして傷ついてしまった。登校中にお腹が痛くなるので、電車も途中下車するようになって、やがてあまり学校に行けなくなりました。

ただ、不登校という挫折を味わいながらも、高校生ながらに、「この爆発したからだのほうが本当なんだ」ということははっきりわかったんですよね。それでこのとき得た感覚を生かせるのは芸術や哲学だと、しだいに知っていくわけです。

鳥羽　不適応と感じられる経験は、そうやって自分のなかの「本当」を探り当てるきっかけをつくるものなのですね。「爆発したからだ」という言葉にはエネルギーが迸《ほとばし》っていて、とても好きです。

巻き込み、巻き込まれる大人と子ども

鳥羽　改めて、教育や学びという観点から『かたちは思考する』を読んだときに重要なキーワードは、「類似」もしくは「模倣」だと思います。

人間は「見る」ことを通して、対象を模倣する力がある。母語もそうやって周りの大人の話す言葉を真似て、習得していきますね。親や大人たちの喋る様子を見ることで、彼ら「のように」なっていく。言語獲得は「類似」していくことなんですよね。人間は、ある

形に似たものになろうとしてしまう。そういう力を持っています。
　ところで、この「類似」という現象は、実は子どもの側だけでなく大人の側にも同時に起こりますね。互いに見合っている限り、親と子は似ていく。互いに「巻き込み、巻き込まれる」と言い換えてもいい。

平倉　そうですね。自分が親に／子に似ていると感じる瞬間は、多くの人にとって身に覚えがあるんじゃないでしょうか。

鳥羽　ところが、育児においては「子どもに巻き込まれていいのか?」という葛藤があります。『かたちは思考する』でも、模倣には「二つの危機がある」と指摘されていますね。一つが「伝説的精神衰弱*」。

平倉　ロジェ・カイヨワ*の擬態論から引いてきた言葉ですね。私の芸術論の文脈でいうと、作品をよく見るあまりに、作品と共鳴しすぎて自己の輪郭が失われ、無数の細部に呑み込まれて破裂してしまうということです。

鳥羽　これを親子の関係性でとらえると、子どもとの共鳴が強くなりすぎて距離が近づきすぎてしまい、自他の区別が失われ、適切な距離が消滅してしまうことになる。

平倉　二つ目の危機は「疲労」ですね。見る人のからだが擦り切れてしまって、何を見ても同じことしか言えなくなる。何を批評しても紋切り型を繰り出して、同じことばかり言っているような状況のことです。自己の習慣的なパターンに固着して動けなくなる。

鳥羽　これを子育てになぞらえると、生活に追われて子どもとのコミュニケーションが紋

＊『かたちは思考する』二七ページ。

＊ロジェ・カイヨワ
「擬態と伝説的精神衰弱」『神話と人間』久米博訳、せりか書房（一九八三年）所収。カイヨワはそこで隠蔽的擬態を、環境と自己との区別が失われ、周囲の空間に自分が食い尽くされてしまうという精神衰弱とのアナロジーで論じている。

切り型になり、必要なパターンの繰り返しだけで子どもに接するということになります。僕はそういう親をたくさん見てきましたが、それは緩慢なネグレクト*にさえ感じられることがあります。以上のような観点から、この「二つの危機」という考え方は、親子の距離感を考えるうえでヒントになる気がしました。

平倉　なるほど。おもしろいです。カイヨワの擬態論も私の芸術論も、自分の周囲の空間や作品に極限まで似ることが、そもそもの「目的」になっているような状況についてのものなので、その点が育児とは異なるかもしれませんが、そのうえで言うと、「伝説的精神衰弱」と「疲労」を育児経験に当てはめることもできそうです。

　実際、周囲の混沌とした空間に圧倒され食い尽くされてしまう、というカイヨワの言う「伝説的精神衰弱」と、何にも反応できず固まって動けなくなってしまう「疲労」は、親からみた子育ての実感にも近いんじゃないでしょうか。私自身、どちらもよく経験があります。親が過共鳴したり、過共鳴の末に停止してしまったりする相手は、子どもだけではなく、むしろ子どもがそのなかで嵐を起こしている「空間」そのものなのかもしれません。

　ちなみに芸術論に戻して言うと、私がアオテアロア／ニュージーランドにいるのは、この模倣の「二つの危機」のうちの「疲労」を自分に感じたから、という理由もあるんです。

鳥羽　疲れちゃったんですか。

平倉　そうなんです。

　私はこれまで西ヨーロッパ、北アメリカと日本の近現代芸術を中心に研究してきたんで

＊ネグレクト
健康状態を損なうほどの不適切な養育、子どもの危険について重大な不注意を犯すこと。食事を与えない、不潔にする、病気やケガをしても病院に連れて行かないなどがそれに当たる。育児放棄や育児怠慢と言われる児童虐待の一つ。

すが、自分のものの見方や歴史のとらえ方が固着しているという「疲労」の危機を感じていました。そこでとにかく、新たな視野を得たいと思って、南半球に来たんです。

私がいま関心を持っているのは、太平洋諸島の一つとしてのアオテアロア／ニュージーランドにおけるさまざまな「表現」ですが、そこには人間以外のものたちの表現、つまり動物の鳴き声やふるまい、地質学的な造形作用も含まれます。「表現」をそこまで広げて考えることで、人間社会のなかで異質なものに出会うよりも、さらに遠くまでいけるのではと考えているんです。実際、このウェリントンの街の真下には大きな活断層が走っています。そのダイナミックな地形には日々触発されています。

言葉が持つ極端な共有性

平倉　動物の「表現」で関心を持っているのは、例えばイカです。海のなかでイカに会うと、魚と違って、人にちょっと関心を持つんですよ。

鳥羽　どうやってそんなことがわかるんですか。

平倉　すぐに逃げずに、一定の距離を保ってこちらを観察するんです。もちろんそのふるまいが、イカにとって本当のところどのようなものであるのかは、人の側からはわかりません。しかし、完全に理解不可能というわけでもない。この曖昧な領域は――あらためて話を子育てに戻すと――乳児の育児にもつながります。

もちろん乳児はヒトですから、イカよりはずっと通じやすい。でも乳児って、最初は本当に驚くほど「宇宙人」的なんですよね。同じ世界を生きていない。なぜそう感じるんだ、と言われるとわからないんですが、表情を見ていてそう感じるんです。赤ちゃんのからだは、私のからだとはまったく一致しない――いまなんで泣いているんだろう、どうして寝ないんだろう――それでも寝不足と疲労困憊《こんぱい》の日々を経るうちに、しだいにやり取りが育ってきます。からだを通した共鳴がお互いのあいだに生まれてくる。ぴったり一致するというより、ざっくりしたリズムの嚙《か》み合いが成立してくる感じでしょうか。

親子の共鳴に、異なる水準が生じるのは、やはり言語の獲得によってです。

言葉には極端な共有性があります。他人が「痛い」と言ったら「痛い」ことがわかる。もしこの世に言葉がなかったら、自分の他にも内面がある別の個人がいるということはわかりません。そして他人が発する言葉は、その極端な共有性ゆえに、自分の考えでもあるかのように飛び込んできます。

しかも音ですから、遠隔で飛び込んでくる。この遠隔作用に親も頼るようになります。相手のからだを動かす。「なんで~なの!」「~しなさい!」。耳から飛び込んでくる言葉が、相手の心を支配して、飛び越えて、相手の思考を乗っ取る魔術的な力を持っています。言葉は個々のからだの独立性を飛び越えて、相手の思考を乗っ取る魔術的な力を持っています。魔術という言い方がしっくり来なければ、感染力が強いと言ってもいい。

鳥羽　言葉を解した時点で、その言葉はからだの内側に侵入してくる。

平倉　ええ。そして育児には言葉という魔術が必ず介在する。その魔力に、親も子も、ともに巻き込まれます。私自身、特に自分のからだが疲れ切ってるときには、言葉という「遠隔魔術」に依存しがちになります。「片付けなさい！」とか。言い方も厳しくなりがち。ところがそれでもなお、相手には独立したからだがあり、このからだは、共鳴を強制しようとする言葉の魔術を跳ね返すことができます。からだは言葉の意のままにならない。これは素晴らしいことです。

「子どもを見る」とは理解し尽くすことではない

鳥羽　いまの人たちは「子どもを見る＝《イコール》解読する」ことだと思っていますよね。単純に子どもへの解像度を上げれば、いい子育てができると誤解している。でも違うんです。そうやって理解し尽くしてしまおうとすると、自他の境界がなくなって自分と同一視してしまい、子どもそのものが見えなくなる。さらに、最近は解読の努力すら放棄して、子どもたちを去勢*してしまうでしょ。

平倉　去勢ですか。

鳥羽　発達障害ブームや、ＨＳＰ*といったバズワード*は、子どもを「障がい」や「弱者」に押し込めて無力化するという意味では一種の去勢です。子どもたちは「自分は弱いんだ」という認識を植え付けられて自信を失い、そのせいで生きづらくなっています。

＊去勢
精神分析において「ペニス」は「万能であること」の象徴とされ、幼児期を通して成長とともに自分が万能であることを諦めることをそう呼ぶ。人は「去勢」されることで万能ではないことを受け入れ、社会システムに参加することができるとされる。

＊ＨＳＰ（エイチ・エス・ピー）
生まれつき非常に感受性が強く敏感な気質をもった人という意味。HSPはHighly Sensitive Person の頭文字。

＊バズワード
いかにも専門的な説得力のある言葉に見せかけて、曖昧な定義のまま広く世間で使われてしまっている用語やフレーズのこと。

でも、平倉さんの「子どもを見る」というのは、そういう方向性とは違います。それは芸術作品に対する見方にも表れていますよね。平倉さんがやろうとしてるのは解読ではなく、自分のからだを使って他者である作品にぶつかっていく。その姿勢に、僕は共感するんです。

平倉　「解読」について言うと、確かに、作品の「隠れた意味」を解き明かす――レオナルド・ダ・ヴィンチの「暗号を解く」といったような――ことには私は関心がなくて。むしろ謎をかたちづくっている作品の襞や起伏に、そのまま「からだを沿わせる」ということに関心があります。

　育児で言えば、私自身、子どもと接するときに気をつけているのは「子どもの秘密を暴きすぎない」ということです。子どもと暮らしていると、「何か秘密にしてることがあるな」とわかることが、ときどきあります。でもそのときすぐに問いただしたりせず、少し気がつかないふりをする。その秘密にこそ――あるいは、秘密を持ちうるということにこそ――子どもを自分たらしめるものがあるかもしれないからです。

鳥羽　子どもの秘密を暴きすぎないこと。これは、僕も子どもたちと接するうえで日ごろ意識しているポイントです。そこに、子どもとその世界に対する敬意がすべて詰まっている気さえします。

平倉　ええ。ただ秘密のなかには、子ども自身を危険に晒すものがあるかもしれない。まさにそこは「すぎない」の世界になってきます。暴きすぎずに、気にかけてやることしかできないし、それで十分とも思える。

鳥羽　生徒たちを見ていてもそこは悩ましいですね。どこから介入すればいいのか、ケースバイケースで本当に難しい。

平倉　私も実際の子育ては常に慌ただしくて、丁寧にできているわけでは少しもないです。

鳥羽　その意識を持っているだけで十分だと思いますよ。親の葛藤も含めて子どもは感じ取っているものですから。

平倉　家のなかでは、とにかく共鳴が起きやすい。共鳴を引き起こす「言葉」の魔術の話をしましたが、当然「からだ」同士の共鳴もあって。子どもが何かに苛立って大きな音を立てたりすると、こちらのからだもグッとこわばって熱くなる。逆もしかりで。そのときすぐに問い詰めず、子どものからだと自分のそれとを意識的に切り離しておくことは大切です。……と、まさに言うは易し！　全然できてません（笑）。

人の固有性と出会う教室

鳥羽　いまの生徒たちを見ていると、自らの主体性をどう立ち上げていくかということに戸惑っている子が多いです。

価値観が流動化して「なんでもアリ」になり、自分の価値観だけが正しいわけではないことを広く大人が知っている現代では、子どもたちを「あなたはこういう大人になりなさい」と規範的に導いてあげることはできません。

平倉さんは『かたちは思考する』で、「私たちは、自らの固有性を根拠づけるものは持ってないよ」という話をしています。そして、第九章「バカボンのパパたち」という文章を「重要なことは、私には決して触れることのできぬ過程によって、私の固有性を開こうとすることだ」*という言葉で締めくくっている。ここは、あらゆる子ども、大人たちに読んでほしいと思う箇所です。創作の過程で自己を解体し、もう一度再構成するなかで、僕の固有性を開いていこうという、苦渋にまみれた喜びに裏打ちされた熱いメッセージが込められている。これは希望ですよ。

平倉　そこまで言ってくれるのは鳥羽さんくらいです（笑）。

鳥羽　いや、そういう平倉さんが日本の大学でどのような授業を展開されているか、非常に興味があります。

平倉　ありがとうございます。私の授業では、学生たちに実際に作品を見てきてもらってから議論するということが多いです。先ほど作品を見ることで自分のからだが変形する、という話をしましたが、それは同時に、各自の身体の固有性と出会う機会です。見る行為は一方向ではなく相互作用だから。

鳥羽　それが「巻き込み、巻き込まれる」ということですね。

平倉　ええ。それぞれに固有の背景、固有の生活史を持つ学生たちの異なるからだが、一つの作品と出会う。出会い方は人それぞれで、深く没入すれば、学生それぞれに固有な作

＊『かたちは思考する』二二九ページ。

品の見方が必ず生まれます。それを教室に持ち寄って議論するんです。

授業をデザインするときは、学生たちの固有の見方が表現されるにはどうすればいいかを考えています。その際、教室空間をどうレイアウトするかは重視していますね。

鳥羽　学生たちのからだが現に存在する教室という空間で、どうすれば学びが起動するか。そのためのデザインを考えているわけですね。

平倉　ええ。まず、机や椅子を一度どかすことが大事です。ところが、大学の教室って最悪なことに机も椅子も床にねじ止めされていることが多い。最低限、机と椅子が動かせる教室を選んでいます。スペースを大きく取る意図は、教室という場所に、個々の異なるからだを顕在化させることです。

鳥羽　通常の教室では先生の身体だけが特権化されています。主役であるはずの学生たちのからだは、不可視の存在に甘んじている。

平倉　知識を伝達する講義など、学生が不可視でよいときもあるんですが、芸術作品について個々の「私」がどう見たのか、という話をするときには、それぞれに固有な「私」の姿が、目に見える形で空間に現れる必要があります。誰でもない者としてではなく、他ならぬ「私」が見たものを語る。

芸術作品を教えるときには、「先生」がいちばんわかってるわけではない、という前提を共有することも大事です。教師も作品の前に立つ、一つの異なるからだでしかない。芸術を理解するうえで知識が助けてくれることもありますが、知識を持っているほうが感受性において優れているということはまったくありません。学生のほうがはるかに鋭敏な観察をする瞬間は多々あります。教師の役目は、学生が自分の観察を深め、言葉を掘り下げられるように、問いを投げることです。

鳥羽　偏ったヒエラルキーの前提を取っ払って初めて、学生たちは自分固有のからだが出会った作品について話せるんですね。

平倉　そうですね。実際のところ、現在の教室のヒエラルキーは必ずしも教師の身体を中心にしていません。大学の教室空間で最も強力なのは、プロジェクターとスクリーンです。あまりにも巨大で明るく、非物質的で魅惑的な知識伝達の場として、教師の身体以上に君臨している。私の授業ではなるべくプロジェクターは可動式の持ち込みにして、壁や床に直接投影しています。そうすることで光を、数あるモノの一つとして扱えるようになる。教室空間の物質性や、個々人のからだの感覚にも意識が行きやすくなる。

　ホワイトボードも教師の背後じゃなくて、教室の周囲に複数台置きたい。これは学生たちが記憶を頼りに「何を見たか」を描いてもらうためです。

　本来なら、作品の現物を前にして授業するのが理想的ですが、現実には難しい。自由に時間割を組めるときは学生と一緒に美術館に行き、美術館を出てすぐ路上で議論しています。鑑賞直後は記憶も鮮やかだし、路上で議論することで、都市を自分たちのものとして生きる感覚が生まれるからです。

　教室では、ホワイトボードに描かれた学生の記憶スケッチをもとに議論しています。このとき、絵の巧拙は関係ありません。学生の個別具体的なからだが、作品の記憶をまさぐるなかで生み出した線を、みんなで共有する。その線が、他の学生たちの異なる記憶を触発する。そうして「いまここにない作品を、異なる視点からともに見る」という経験が生まれてくる。各人の固有のからだに根ざしつつ、ともに考える場の設計です。

鳥羽　その場が目に浮かぶような話をありがとうございます。いま、お話しされた授業のあり方は、冒頭に話したニュージーランドのダイバーシティ教育とも通じますね。

平倉　そうかもしれません。どうやったら各自の固有性に根ざしたかたちで、共同的な探究を行う場をつくれるのか、実験しています。うまくいく日もあれば、何一つ嚙み合わない日もあります。

鳥羽　授業はナマモノですからね。授業は毎回、発明し続けなくちゃいけないライブ感のあるものです。今回うまくいったから次回も同じ形式でやろうなんて思っても、なかなかうまくいかないものです。

しかし、平倉さんの授業スタイルとは真逆に、いまの社会や学校では自分自身の固有性を内側に引っ込めることが正しいという考え方が広まっています。

平倉　日本では義務教育の規律訓練の力が強いですよね。保育園のあいだは、異なるからだがわさわさと存在しているのが普通です。ところが小学校に入学したとたん――まさに入学式が衝撃なのですが――一律に管理されうる身体として、壇上に次々現れる大人たちの話を黙って聞くことを要求される。

実際の授業の現場は入学式よりずっと柔軟だと思いますが、個人のからだを尊重した保育園のアプローチと、身体の差異をならそうとする小学校のシステムのギャップに唖然としたのを覚えています。こういう空間で子どものからだを育てることを、私たち大人は本当に望んでいるのだろうか、と。

鳥羽　これからの時代は子どもの数が減っていくんだから、一人ひとりに目の届く、自由なやり方が出てきてほしい。そうやって新しい授業の方法を模索する際に、平倉さんの授業デザインの考え方、そしてからだが変容するような学びの体験を促すアプローチは、非常に参考になると確信しています。

心

第 7 章

子どもの心からアプローチする

尾久守侑《おぎゅうかみゆ》

精神科医、詩人。1989年東京都生まれ。慶應義塾大学医学部 精神・神経科学教室助教。横浜市立大学医学部卒業後、下総精神医療センターなどでの勤務を経て現職。博士（医学）。著書に『偽者論』『倫理的なサイコパス』『病気であって病気じゃない』など。詩集に『国境とJK』『悪意Q47』などがあり、第9回エルスール財団新人賞現代部門受賞。『Uncovered Therapy』で第74回H氏賞受賞。

子どもの「過剰適応」とは何か？

鳥羽　尾久さんは精神科医として思春期の子どもたちを診ているだけでなく、詩人・文筆家としても活躍されています。なぜこんなにユニークな文章が書けるんだと尾久さんにはいつも驚かされます。そもそも、書くようになったのはいつ頃ですか。

尾久　詩は子どもの頃からずっと書いていました。投稿を始めたのは、大学生のときです。二〇一一年の終わり頃かな。

鳥羽　きっかけがあったんですか。

尾久　ちょうどその時期に後輩が自殺したんです。当時、自分では意識してなかったんですが、そのことと詩を投稿し始めたことはたぶん関係しています。

鳥羽　二〇一一年、そうですか。子ども時代の尾久さんにとって、詩を書くとはどんな行為でしたか？

尾久　優等生を演じている自分とのバランスを取る行為だったでしょうね。ひっそりと詩を書くことが自分なりの反抗だったというか。当時は、そんなことを思って書いていたわけではないですけど。

鳥羽　バランスとのことですが、以前、尾久さんと話したときに*「過剰適応*」という言葉

*二〇二三年五月に開催された、本屋B&Bイベント「人との距離の取り方について」『偽者論』『「推し」の文化論』W刊行記念。

***過剰適応**
置かれた環境に合わせようと自分の考えや行動を制限しすぎてしまう状態のこと。心理学では、自分よりも周りを優先させて無理しながらもがんばってしまう状態を指すこともある。

が出てきました。学校の規則や慣習に積極的に染まっていく。そのあり方が過剰であったと。ただの優等生ではないわけですよね。

尾久　ただの優等生ではなくて、もはや学校と同一化していました。学校が言うことについて、一切疑いを持たない子だったんです。

鳥羽　僕は、自分がとことん反抗する子どもだったので、学校に疑いを持たないという状態が、まったく想像できません。

尾久　きっとそうですよね。多くの学生は、表立って反抗しないにしても、少なからず反発心は抱いています。でも僕は、学校と一体になることで、教師とよい関係が築けて、それがよい学校生活につながると信じていたんです。振り返ってみても、そうして築いた関係はよかったと思います。過剰適応のストレスに無自覚にいられたのも、詩を書くことでやり過ごしていたからなのかなと。

鳥羽　ご両親は「勉強しなさい」や「いい子にしてなさい」と口うるさく言うタイプでしたか？

尾久　口に出しては言いません。でも、非言語でメッセージを発していたので、僕が勝手にくみ取っていました。父親も医者だったので、「医学部に行った人はね……」という話を聞かされていて、医学部に行くのは当然なんだと刷り込まれる。ただし「お前も医者になれ」と言われたことは一度もありません。

鳥羽　となると、親に対する過剰適応と言えるような状況もあったのでしょうか。

尾久　そうですね。でもそれは特別なことではなくて、医学部の同級生も「親が医者だから」となんとなく進路を選んでいるパターンが多かった。むしろ、未来を選ぶためのわかりやすい根拠を持たない同級生のほうが、苦労しているように見えました。文系・理系、どっちにしようかなって、ずっと悩んでる友だちを見て、すでに決まっている僕はラクだなぁって。

鳥羽　なるほど、事実上、進路を決められてしまって大変なことだと思ったのですが、必ずしもそうではないのですね。

ちなみに、僕がこれまでかかわってきたなかには、「それとなく道を示す」というようなしたたかな親はあまりいなくて、どちらかというと、自分の願望を子どもに押し付けてしまうタイプと、逆に子どもを縛ってはいけないと思うがあまり「自由にしていいよ」と極端に放任主義になるタイプに分かれています。どちらかに偏ってしまう人が多い。

尾久　「子どもには自由にさせています」と言うけれど、子どもは自由奔放に生きてるわけではなくて、むしろ路頭に迷ってるだけ、というケースは診療の現場でもよく見かけます。

でも自分が親になったときに、バランスが取れるだろうかと思うと難しいので、理解はできるんです。子どもと接しているときに、僕自身の解決されてない葛藤が歪んだ形で出てきちゃうんじゃないかという不安はありますね。

鳥羽　そうなんですよね。親の葛藤は子どもに投影されがちです。

尾久　親だって葛藤を抱えているのに、子どもに規範を示すなんて無理なんだ、と諦めてしまっているのかもしれない。その点、医者として子どもに向き合うのはやりやすいです。それは「医者」という役割がすでに明確な規範性を帯びているからです。

鳥羽　わかる気がします。でも、尾久さんは医者としての役割からはみ出してしまうことはありませんか。

尾久　それはあります。相手の葛藤に僕が共鳴してしまうと、自分が出てくる瞬間があるんです。でも、共鳴していること自体は悪いことではない。共鳴があるからこそ、その子のことをわかってあげられるので、それをキャッチするのは大事だと思っています。

むしろ共鳴よりまずいのは、「兄的な存在」になっているときです。

鳥羽　うーん、わかります。

尾久　ありますよね、「なんで僕はいま、兄的な存在になっているんだろう」と我に返る瞬間が。

そうやって兄弟的な上下関係が発生してしまうと、無意識のうちに兄でいることが心地よくなってしまい、良くなろうとする患者を阻害してしまうかもしれない。ときどき恐ろしくなります。

鳥羽　面倒見がいい人ほど、陥りやすいのかもしれないですね。家族でも友だちでもない、「兄的存在」としてふるまうことで生じる権力関係ですね。

さらに言うと、勘の鋭い子は、大人が自分だけ気持ちよくなっていることに気づくんですよ。そういう子は気づいた瞬間に、「あぁ、私そのものは大切にされてないんだな」と冷めてしまう。その関係性には自覚的でなければいけません。

「自分の道を行け」が子どもを足踏みさせる

鳥羽　尾久さんのように、優等生としての自覚を持ちながら、一方で詩を書くような営みを同時にする子は見たことがないので、とても新鮮な驚きがあります。そして、このあり方には、受験勉強で疲弊している子たちへのヒントがあるような気がします。

尾久　確かに、同時にこなしてる人は、あまり聞かないですね。

鳥羽　そうなんです。やはりどちらかが多い。学校の規範に合わせると言葉遣いも社会的なものになっていきますよね。一方で、詩を書くというのは、ひたすら自分の内側に潜っていくような感覚がある。社会の言葉と自分の言葉、それが衝突して苦しんだ記憶はありませんか？

尾久　それはなかったですね。僕の場合、両方の手段を持ったおかげでバランスが保てました。自分の言葉を掘っていく方向性だけになると、とても生きづらかっただろうなと思います。

鳥羽　なるほど、そうか。でも、そんなことが本当に可能なのか、と思ってしまう（笑）。僕に見えていないだけで、尾久さんのように「社会の言葉」と「自分の言葉」を同時に育てている子もいるのかもしれませんね。

尾久　おそらく鳥羽さんは、子どものうちから社会の規範に自ら寄っていく子どもを心配していますよね?

鳥羽　そうですね。社会性を身につけることが、どこか自分の言葉を捨てることだと感じているのだと思います。

尾久　よくわかります。でも僕の実感として、子どもの頃に一生懸命、学校に合わせた結果、いまの自分があるので、それがよい効果を発揮する事例もあるんです。むしろ「自分の道を行け」と言われたら、立ち止まってしまったかもしれない。

鳥羽　確かに、僕は適応を若干ネガティブにとらえすぎていたかもしれません。適応が過剰であっても、それが生きる支えになることはあるんですね。そして、「自分の道を行け」というのが、むしろ子どもを足踏みさせることがあるのはわかります。整理ができてきました。

　尾久さんの文章を読んだり、話したりすると、自分のいろんな思い込みに気づかされます。それは尾久さん自身の独特なあり方のせいだと思う。尾久さんは、どこか流動的で固着化しないところがありますね。

尾久　そうですね。僕は特有の個性というものは、あまり信じていません。あくまでも人生のライフサイクルのなかで、いまはこういう時期にいるなという認識で自分をとらえているだけなんです。

鳥羽　おもしろいなぁ。僕はどうしても自分のコアがないと生きにくいと感じるんですよ。これは、幼少期にキリスト教的な価値観のもとで育てられた影響が大きいと考えているんですが。

　僕が尾久さんに聞きたいのは、個性、あるいはアイデンティティと言ってもいいですが、そのような固定的な自我のイメージを、どうとらえているのかということです。

尾久　思春期を通して、自分の中心に固い芯のようなものがつくられた人は、それが思考や行動の基盤になると思うのですが、芯にならず半熟だったり液体だったり空隙だったりする人もいまは多いですよね。そうなると、芯以外の何かで自分を確立させないといけない。僕は芯がない分、外部に引っ張られやすい自覚があるのですが、その外部を増やしたり、引っ張る外部同士を調整することで、一見、確立した人間を装っているような気がしています。

　例えば、学生時代の勉強でも、どの教科も万遍なく同じくらいの成績でした。その均《なら》された感じ、平坦さが、自分の安定につながっている気がしています。

　いま、医者をやりながら本を書いているのもそういうことだと思うんですね。医者だけだとバランスを崩してしまうから、詩や文章を書いている。芯がないなりに、複数の軸を持っている。

鳥羽　「芯がないなりに、複数の軸を持っている」というのはおもしろいですね。花田清輝の「楕円幻想」*を思い出すような話です。それにしても、尾久さんと話していると、僕

＊**「楕円幻想」**
花田清輝著『復興期の精神』所収の「楕円幻想」では、「成程僕には昔から何だか中心が二つあって、始終其二点の間を彷徨しているような気がしたです」と二葉亭四迷の小説を引用して論を展開している。

は自分のことがよくわからなくなってしまいます。尾久さんのあり方のほうが、よっぽどリアルなんじゃないかと。

尾久　僕は、擬態で生きてるんです。

鳥羽　擬態というのは、憑依とは違いますよね？　僕は完全に憑依型で、子どものことを書くときも、本当にその子になっているんです。逆に言うと、他人ごととしては書けないんです。

尾久　真逆ですね。僕はすべて他人ごととして書いてますよ。正確には、他人の身体から入らないと自分が出てこない感覚があります。例えば、詩でも小説でも医学書でも、あの作家のような文体で書こうと設定してから始めると、かえって固有のものが書けたりすることがあるんです。文芸誌の「群像」に小説を依頼されたときも「小説なんか書けないよ」と思ったんですが、試しに、ある作家になりきったつもりで小説を書いてみようと設定したら、書けてしまった。

鳥羽　尾久さんのカメレオンみたいな文章には、そういう理由があったのですね。

尾久　自分だけでは絶対に書けなかったので、過剰適応は僕にとって、とても大事です。実際、学生時代にどの教科も万遍なくできたのは、過剰適応のおかげでしたから。

　でも周りを見ていると、学生時代に勉強をしてこなくても、何歳になっても勉強で覚醒することはできるんだなということはわかります。覚醒というのは、つまり自分が通ってきた道を再開通させること。自分らしく生きるという感じです。仕事に就いたけれど失敗した、でもその後で学びに向かう。それでも間に合うんだなということでしょうか。

鳥羽　そうですね。尾久さんがおっしゃる、「通ってきた道を改めて開通させる」というのは、感覚としてよくわかります。

最近は大人が学ぶというと、政府の提唱するリスキリング*のようなキャリアアップの勉強が言われがちですが、それだけにとらわれないでほしいんです。というのも、親が「子どもに勉強の大切さを教えるには、大人が勉強する姿を見せるのがいちばんですよね。私も資格の勉強、がんばってみます！」と意気込まれることがあって、それはそれでもちろんいいのだけど、ちょっとズレている。なぜなら学びというのは、仕事に役立つスキルを身につけることだけじゃないから。学びとは、自分の欲望の所在を明らかにしつつ、その風通しをよくするような行為だと思うんです。

例えば、子どもの頃に夢中になったことや、一生懸命勉強していたもののなかには、すでに深い勉強につながるヒントはあるから、そこを振り返って、改めて開通させてみたらいいのでしょうね。

尾久　それは間違いないですね。

思春期の延長としての「推し文化」

鳥羽　ここまで話していて、予感が確信に変わりました。やはり尾久さんは「思春期マス

***リスキリング**
技術革新やビジネスモデルの変化に対応するために、新しい知識やスキルを学ぶこと。二〇二〇年のダボス会議において「リスキリング革命」が発表されたことで注目を集めた。

ター」ですね。

これは敬意を込めて言っているんです。その理由は、尾久さんが精神科医として思春期の子どもたちを診ていること以上に、ご自身が詩や文筆活動で継続的に思春期を体現し続けているところにあります。思春期の只中にいながらにして、それを俯瞰で見ているところにマスター*感が漂っている。思春期を実演しながら俯瞰している、という意味において、唯一無二という感じがします。そんな尾久さんと対話をすることで、思春期の子どもと接する際のヒントがもらえるんじゃないかと思っているんです。

尾久　マスターかどうかは、さて置いて（笑）、確かに成熟していないという思いはずっとあります。それは三十五歳になった現在も変わりません。誇大妄想*的な感覚がずっとあるんです。それは、自己愛的、ナルシシスティックなパーソナリティとは違っていて、いわゆる中二病的なものに近い。僕の誇大妄想癖というのは、ライフサイクルの流れが遅い、ということなんだと思っています。

鳥羽　パーソナリティというのは固定的な個性ですよね。一方で、ライフサイクルという見方をすると、人格や個性みたいなものは、流動的で、可塑性のあるものだととらえることができる。

尾久　そうです。鳥羽さんがおっしゃる僕の思春期感というのは、固着したパーソナリティではなくて、ライフサイクルの一時期にあるからこそ受ける印象だと思います。だから、僕はまだまだ成長中。逆に言えば、未熟なんです。

＊マスター
K-POPをはじめとするアイドルのオーディション番組には、高い技能と豊富な経験を持つ先輩格の業界人たちがマスターとして登場し、指導や評価、メンタリングなどを行う。ここでの「マスター」はそれが想定されている。

＊誇大妄想
自分の能力や資質が優れていると過大に評価したり、大げさに空想したりすること。

これは僕に限らず、いまを生きるすべての人に言えることだと思います。寿命が長くなったり、社会的な変化があったり、いろんな要因でライフサイクルそのものが長くなり、サイクルのスピードも遅くなっている。だから三十五歳になっても中二病から抜けていない。

鳥羽　とてもわかりやすい説明です。ここで寄り道をしたいんですが、長い思春期という話は、僕と尾久さんの共通関心である「推し文化*」にも関係してくるように感じているんです。

尾久　まさにそうだと思います。二十代前半の女子は、みんな「推し」がいて驚かされます。十年くらい前、僕が二十代前半だったときよりも「推し」が浸透している。これも思春期の終わりが遅延している印象の一つです。

鳥羽　ネットで読める尾久さんの名文の一つに、『人間関係リセット』*というnoteの記事があります。ご自身のマッチングアプリ体験談をユーモラスに書いた文章です。忘れられないのが、「『別れるために新しい人に会う』という刺激に中毒性を感じる*」という一文でした。何度かデートをしても、恋人関係には進展せず、音信不通になる。会えなくなって初めて「良い人だったのに、もう会えないなあ」と感傷に浸る。そうやってエモくなると。

尾久　そうですね。出会いの刺激より、別れのエモさがアディクト*している自分を発見しました。

鳥羽　あの分析は見事だなと思いながら、別れのエモさに中毒になるというのは、最近の「推し活」でも起こっているなと気づいたんです。

＊推し
人やモノを評価・応援したい対象として愛情を注ぐこと。推し行為として対象の情報収集や作品の購入、イベント参加、SNSでの応援メッセージの投稿などが挙げられる。

＊『人間関係リセット』
尾久守侑氏のnote記事。二〇二一年十二月二十三日公開。

＊「最初は『新しい人に会う』という刺激の中毒・依存症なのだろうと思っていたのだが、会い続けているうちにだんだんわけが分からなくなり、因果の逆転、時間の逆行などの超常現象がわたしのなかで起きた結果『別れるために新しい人に会う』という刺激に中毒性を感じるようになっていた」（「人間関係リセット」より）。

尾久　どういうことですか？

鳥羽　最近の人は、ＳＮＳでわざわざ「推し変」を宣言します。これまでの推しに別れを告げ、次の推しに乗り換える。つまり、推しとの別れにエモくなっているわけですよね。これは尾久さんの言うマッチングアプリの構造と似ている。

尾久　なるほど、まさにそうですね。最近はミーグリ*でアイドルに直接「推し変します。いままでありがとうございました」と別れを告げに来るファンもいるそうですよ。

あと、いまの二十〜三十代は、いろんな人を同時に推している気もします。それも言ってしまえばマッチングアプリの画面と似ている。いろんな人に「いいね」を付けておく感じなのかなと。

鳥羽　そうなのか。ＢＴＳ*の場合、僕の視界には中高生、または自分と同世代のファンしか入ってこなかったので、二十〜三十代の推し方は見えていませんでした。

尾久　二十〜三十代は、「推し活」だけでなくリアルの人間関係でも、傷つかないための防御策を心得ていると思うんです。ある程度のエモさは得たいけれど、一人だけを推して、推し活が失敗したときに傷つくのは怖い。だから複数人を推すんです。

でも、鳥羽さんと同世代の四十歳以上の人たちは、なぜ真正面から熱狂して傷つくんでしょうね。

鳥羽　マッチングアプリ的な恋愛のやり方を知らないからなのかな。

この世代は、替えの利く推し方を良しとしていません。中年のＢＴＳファンは、重いん

＊アディクト
本来は「中毒にさせる」、「依存させる」。ここでは、夢中になるという意味で使われる。

＊ミーグリ
ミートアンドグリートの略。アイドル・有名人と一般人が直に接することのできる交流会イベントのこと。

＊ＢＴＳ
二〇一三年に韓国でデビューした7人組男性アイドルグループ。二〇一四年に日本デビュー。ワールドツアーを行うなど海外進出も果たす。鳥羽にはＢＴＳと「推し」の文化について考察した著作『「推し」の文化論――ＢＴＳから世界とつながる』（晶文社）がある。

ですよ。万が一メンバーの身に何かあったら、自分の命さえ危なくなるようなARMY《アーミー》＊がいっぱいいるから、それは世界的に大変なことになるんじゃないかな。多くのARMYにとって、BTSの代わりはいないんです。

＊BTSのファンは「ARMY（アーミー）」と呼ばれる。

心の問題は自己治療がすべて

鳥羽　少し話が逸れました。僕は心の専門家ではないから、尾久さんに質問したいことがいろいろとあります。尾久さんが精神科医として子どもたちと接するときは、子どもの問題についてどのようにアプローチしているんですか。

尾久　心の問題は、自己治療がすべてなので、あくまでもサポートというスタンスです。ただ、そうすると成熟待ちになるので、やっぱり根気は必要ですね。

例えば、リストカットをする子に対して「それはダメだよ」と注意したところで効果はないし、「輪ゴムでぱちんとやるといい」「赤ペンでピッてやると代わりになる」のような代替案は、文脈にもよりますが、基本はナンセンスです。ただちに命に危険がないと判断すれば、リストカットも許容します。自傷行為を代替できる別の習慣が見つかるまでは、待ちの姿勢で見守る。

鳥羽　そうなりますよね。でも、そういう状況にある子が目の前にいるとき、僕は「見守るだけでいいのか？」と逡巡してしまいます。いまでこそ「それ（リスカすること）でバランスが取れているならいいんじゃない」と声をかけますが、若い頃は「そんなことやるなよ」「お母さん、悲しむよ」と、通り一遍のことしか言えませんでした。二十年以上前のことですが、いちばんダメなパターンですよね。

尾久　それくらい前だと、自己治療的な発想はかなり弱いので、仕方ないと思います。

鳥羽　いつも悩むのが、どのタイミングでプロの診察を勧めるべきか、ということです。子どもからすれば、「医者に診てもらうといいよ」と言われることで見放されたと感じたり、病気なんだと落ち込んだりするんじゃないか、そういう懸念があります。

尾久　鳥羽さんの頭に「受診」の文字が浮かんだら、勧めていいと思います。これだけ子どものことをつぶさに見ている鳥羽さんが、一度病院にかかったほうがいいと思ったのなら、そのときが受診を勧めるタイミングなんです。

鳥羽　難しく考えなくていいですか。

尾久　そう思います。身近で見ている人がその子のことを心配だと思ったら、受診を勧めてかまいません。子どもの不調の原因は大半が精神病ではなく、家族や学校でのトラブルが心の動きに影響を与えているだけなので、体調が落ち着いたら、子どもと対話して一緒にトラブルを解消していけばいい。

ただ難しいのは、病院も「ガチャ」だということです。たまたま出会った医師に傷つけられる可能性はなきにしもあらずなので。

鳥羽　やはりそうですよね。心療内科でぞんざいに扱われた子が、一定数いることを知っているのでそこも気になります。

尾久　「児童思春期精神科」と銘打ってるのに、やるべきことをしないところはあります。正直なことを言うと、ほとんどの子は、鳥羽さんが見たほうがうまくいくんだと思うんです。毎日、顔を見て、変化に気づける大人がマネージしてあげれば、医者は必要ない。

鳥羽　そうか。素人だからと消極的にならずに、かかわり合っていることに対してある程度自信を持っていいということですかね。

尾久　結局、心の問題を解決するために大事なことは「かかわり」だけだと言ってもいい。薬が必須な人は限られています。

鳥羽　「薬が必須な人は限られています」と言う一方で、「一度は受診を」と言うのはなぜですか？

尾久　精神科医は病気を見抜くのは得意なので、そこを判断してもらうという点では有益なんです。でも、普通の子が抱えてるトラブルや学校での悩みは、医者が解決できるものではないと思います。その子が生活している空間での人間関係の調整だから、医者の手には負えない。もし子どもの不調が、統合失調症やうつ病なのであれば、ひとまず投薬や通院、入院が必要になるから医者にかかることも必要だということですね。

鳥羽　なるほど。子どもを受診させるかどうかの判断は、学校の先生でも悩む人が多いと思うんです。この尾久さんのアドバイスは指針の一つになるでしょう。

最近は困ったことに、子どもからろくに話も聞かずに「とりあえず病院に行きなさい」

という先生も増えています。それはそれで問題です。発達障害なんかも「診断してもらったら?」と簡単に言う。そうやって子どもの特性を枠にはめて、なんとなく解決したふうにするのはおかしい。まずは子どもと関係性をつくることにチャレンジするべきだと思うんですよ。

尾久 それは間違いないでしょう。来院した子どもの話を聞いていると「精神病じゃなくて、家庭の問題ではないか」というケースばかりです。いくら投薬したところで、家族の問題が解決しなければ根本的な治癒には至らないということなんです。

思春期に獲得する自分の言葉

鳥羽 医者から見て、子どもの不調が精神疾患ではなく、家庭や学校のトラブルに原因があると判断したとしても、医者が親に対して「子どもに問題はありません。親のほうに問題がある」と指摘するのもなかなか難しいですよね。

尾久 そうですね。「みんなで話して合ってみて」と促しはしますが、我々が家庭に介入することはできません。特に、からだの不調で内科を受診するケースだと、心の問題であることを否認している状況からスタートするので、「親に問題があります」「学校でトラブルがあるのでは?」とは、とても言えない。だから何度か受診してもらって打ち解けてきたタイミングで、マイルドに直面化させていく方向性を取るしかありません。当然、解決には時間がかかります。

鳥羽　「マイルドに直面化する」とは、よいフレーズですね。問題を直視することを避けていいては解決に至らない。しかし、いきなり熱湯に入らせても、飛び出して逃げていっちゃいますから。

尾久　子どもは心とからだがイメージとして結びついていないので、心の不調がからだに現れているとは思わない。だから両者を結びつけてあげる必要があるんですが、そこは技術が必要ですね。「学校行きたくないんだよね」ではなく「学校行くのをからだが拒否してるみたいだね」みたいな言い方をしたりとか。

鳥羽　よくわかります。心とからだが結びついていない、言い換えれば、自分のからだの違和感がうまく言語化できていない、そんな思春期の問題を抱えて寡黙だった子が、二十代になって再会すると、とても雄弁になっていることがよくあります。見事な変身ぶりにいつも感動するんです。さなぎから蝶に羽化したかのような劇的な変化です。そういう変身を遂げた子は、さなぎの時期に自分の内側へと潜って、自分だけの言葉を獲得してきたんだなと思う。

尾久　稀に、子どもが突き抜けすぎちゃってて、親が追い抜かれているケースもありますよね。

　例えばこんなことがありました。「中1の子どもが部屋に引きこもって困ってます」と相談に来たので、本人に話を聞いてみたら「周りの子たちとは合わないので、部屋で本を読んでます」と。「何を読んでるの？」と聞いたら、ある哲学者の本を読んでいると言うんですよ。「その本、僕も読んだよ」と話していくと内容も完全に理解している。

鳥羽　賢い子なんですね。

尾久　そう、全然心配ないんです。でも、親は子どもがどういう状態なのかがよくわかってないから不安だった。

鳥羽　親が子どもに不安を投影して、問題をつくってしまうということは多々あります。その意味で、親が現状のままでいいと納得するだけで「解決」する子どもの問題はたくさんあると思います。その子のように、自分で言葉を獲得していく子はあまり心配はないですね。

といっても、最近は早い段階で言葉を与えすぎる弊害についても考えてしまいます。例えば、僕が教えている子どもたちは、僕が文章を書いてることを知っています。読んでいる子さえいる。でも、小学校で僕の本を読むというのは言葉を与えすぎなんです「僕の本に興味がある人は、十五歳になったら読んで」と伝えています。読解力のある小学生の子が言葉を獲得しすぎると、現実を受け止める感度がむしろ鈍ってしまう。現実を、すぐに言葉に当てはめて納得してしまうんです。

尾久　体験を自分のものとして落とし込む前に、手持ちの知識で即断してしまってるということですよね。僕のところにも、「私は躁《そう》とうつがあって、いま躁転してて……」みたいに滔々《とうとう》と語る子が来ます。そういうときには、知らないフリをして「躁転って、どういう意味なの?」と聞きますね。

鳥羽　子どもに別の言葉で噛み砕いてもらう、と。

尾久　はい。「あなたにとっての躁転はどういう感じなの?」と聞きます。

　これは少し微妙な話ですが、境界知能*ぐらいの人の一部は、受診時に難しい医学用語を多用しがちです。相手に見くびられないための防御反応なんです。そうやって生き延びてきた人が、必死に用語をつなぎ合わせて、取り繕っている。そういうときは本人が持っている言葉は奪わないほうがいい。

鳥羽　自分を守るために、言葉の鎧をまとっているわけだから、「お前は言葉に逃げている」なんて指摘したら、支えがなくなってしまうんですね。自分にとってアンバランスに見えるものが、他人にとって最良のバランスかもしれないということは、常に念頭に置いておきたいです。

　ちなみに、尾久さんの親子関係へのコミットの仕方を伺いたいんですが、医者として親とはどんなコミュニケーションを取っていますか。

尾久　子どもを交えて三人で話しますね。親と二人きりは、なるべくやらないようにしています。病院なんて怪しいところに連れて来られた子からすれば、自分だけ診察室から追い出されて医者と親が話していたら不安になってしまう。先生が親側の人間だと思われると、打ち解けるのも難しくなりますから。

鳥羽　わかります。塾でも似たようなことがあります。「先生、二人で話せませんか?」

***境界知能**
知的機能が「知的発達症」と「正常知能」の境界域にある状態。

と面談の際に子どもの前で言う親がいます。その場合、「それはよくないことです」と言葉や態度で示しますが。

尾久　稀に子どもの側から「同席したくない」と言われることもあります。「お母さんと二人で話してください」と。紐解いていくと、喋っている自分を親に見られたくないとか、自分の本心がぽろっと出るのがイヤだとか、子どもによっていろいろ理由があります。自分のせいで責められるお母さんの姿を見たくない、というのもありました。

鳥羽　あぁ、親が傷つく姿を見るのは子どもにとってしんどいから。

尾久　子どもは敏感だから、無意識に人間の戦闘力がわかっちゃうんです。「三人で話したら、お母さんがピンチになる」と察してしまう。

鳥羽　わかります。子どもの前で親を責めないのは鉄則ですね。どんなに、親に怒りを感じても、そこは咎めない。若い頃はなかなかうまくできていなかったですが。

でも、親を責めてくれ、と子どもから圧をかけてくるときもありませんか？

尾久　それもありますね。

鳥羽　そういうときは、半ば子どもの期待に応えながら、間接的に「味方だよ」というメッセージを伝えます。なかなかの神経戦です。

プロとしての経験知が子どもを救う

鳥羽　第三者として親子にアプローチするやり方は、本当にケースバイケースです。僕も経験をもとにやっているだけだから正解がわからない。尾久さんはプロだから、再現性のある対応をしているんじゃないかと思うんですが、いかがですか。

尾久　どうだろう。理論で対応する、ということはないかもしれません。医者は病気を見ることなら理論的にできるんですが、心を見るのはセオリーではできない気がします。

鳥羽　それを医者の尾久さんが言うのは誠実な感じがします。

尾久　それでもプロとしての経験値はあるので、命のかかった状況に直面すると、解像度が上がります。ギリギリの子どもが診察室にやってくると「あ、これはマズいな」と勘がはたらくんです。言葉の使い方一つで、死んでしまうかもしれない。そう思うとスイッチが入って、一気に熟察モードに入る。

鳥羽　これがリアルですね。

尾久　いや、鳥羽さんも子どもとかかわっていると、ギリギリの場面に出くわすと思うんです。

鳥羽　本当にそうです。ある日、男の子がとても暗い顔をしてたから、「これは何かある」と確信して、なりふりかまわず声をかけたんですね。話を聞くと、数日前に自殺未遂を試みた直後の授業だった。親も気づいていなかったから、本当に危なかったです。

その子は親の前では明るくふるまってるから、周りからはただ体調が悪いだけだと思われていました。学校に一週間くらいまともに行けていないし、寝れてなくて、くまもすごいことになってるのに。親の前では、とにかくいいお兄ちゃんでした。でも、その日は、入ってきた瞬間に気づいた。場数を踏むと、確かにわかるようになる部分があるんです。経験があってよかったなと思いましたね。*

尾久　必死に地獄をくぐり抜けることでしか、洗練されることはない気がします。対人の仕事はどれだけ地獄をくぐったか、その経験値がすべてだと言っていい。

鳥羽　そうやって尾久さんも学んでいっているんですね。精神科医のプロフェッショナルになることで、あらゆるタイプの子どもたちを救う可能性が広がるんだという認識はありますか。

尾久　それはあるとは思います。でも、はっきり言って、ほとんどの精神科医は心に興味がないようなので、経験値を期待できません。

鳥羽　精神科医は心に興味がない⁉

尾久　角が立つような言い方ですが、九割の精神科医は心なんて興味ないんですよ。彼らの関心は「病気」であって、「心」の動きではない。

鳥羽　病気と心の動きは分けられるんですか。

尾久　本来はできません。でも、分けられると考えたほうがラクではある。こういう言動の人は統合失調症です、躁うつ病です、という診断基準がありますよね。病名でくくって

＊このような具体的な事例はプライバシーを配慮して事実を改変している。

しまえば、わからないものに一応の目印がついて、なんとなく対処できる。大半の精神科医がやってることはそういうことです。

鳥羽　心の動きに関心がないのに、医者は務まるんですか。

尾久　かなり怪しい人は多いと思います。町のクリニックを頼る方のほとんどは、精神病ではなく、心の動きに問題を抱えている人です。それなのに「病」として診断し、薬を処方して通院させてしまいます。

鳥羽　なるほど。心に興味がないことと、心に問題のある人を病と診断して薬を処方してしまうこととは、分かちがたく結びついているのですね。

切実な質問になってしまうのですが、良いクリニックの見分け方はありますか。心理士*がいるところならマシですか？

尾久　うーん、話を聞いてくれる人は多いですけど、問題に踏み込んでいく方は少ないんじゃないでしょうか。いま、精神医療の現場はかなり危機的状況だと僕は感じています。一九八〇年代の精神医学の教科書には、学校では習わなかったような臨床現場の事例がたくさん載っているんですね。

鳥羽　現代はそういう個別具体的な話はカットされてるんだ。

尾久　そうなんです。全部エビデンスで、となっている。でも、精神科のエビデンスは取扱注意なんです。この問題意識は、『倫理的なサイコパス』*という本でも書いています。

鳥羽　その本に描かれていた、患者を「病気」として見るか、それとも「病人」として見

＊心理士
臨床心理士。心の問題に取り組む心理専門職の証となる資格。公益財団法人日本臨床心理士資格認定協会が実施する試験に合格し、認定を受けることで取得できる。現在、スクールカウンセラーとして学校現場などでも活動する。全国で41883名の臨床心理士が認定（二〇二四年四月現在）。

＊『倫理的なサイコパス——ある精神科医の思索』
尾久守侑著。二〇二二年に晶文社より刊行。

るかという話が興味深かったです。いまのお話は、患者を「病気」だけで見るのではなくて「病気」と「病人」とに切り替えながら見るという話につながりますね。

でも、どうして医者は心の動きを見なくなったんでしょう。

尾久　社会趨勢《すうせい》の影響を一旦置いておくと、医者個人の立場では、視点が固着してしまう感じは理解できます。精神科病院に勤務してると、ほとんどの患者が「病気」として片付けられる気がしてくるんです。だから心の動きなんか見ないで症状だけ見ればいいとなってしまう。患者を一様にさばけるので、ラクなんですよね。

鳥羽　なるほど。それこそ医者による過剰適応だ。

尾久　そうです。患者からの無意識の要請という側面も無視できないのですが、本来は「病気」の側面ばかり見ている自分に気づいて「病人」の側面をとらえ直したり、「病人」の側面ばかり見すぎていたなとハッとして「病気」の可能性を検討したり、というのが健全なあり方だと思うのです。

医者が「病気」だけを見て、治せたつもりになってしまうのは、患者さんが心の問題を自力で解決していくからなんです。薬を飲みながら、自分自身でトラブルと向き合って、少しずつ回復していく。だけど、その回復は医者や薬のおかげだったと、患者も医者も勘違いしてしまう。

鳥羽　確かに塾や学校でも、成績は子どもたちが勝手にがんばった結果、上がっていくものなのに、「先生のおかげ」と勘違いする指導者は後を絶ちません。子どもや親も、先生のおかげと信じている場合さえあります。

尾久　毎日顔を合わせる塾の先生ですら、そう思われるんですから、多くても週に一回しか会わない医者はなおさらです。医者の言葉でガラッと変わるなんてことはないと考えておいたほうがいいでしょう。

鳥羽　ちなみに、坂口恭平*さんの「いのっちの電話*」という活動は、医者の立場からどうとらえていらっしゃいますか。

尾久　電話番号を公開して「死にたくなったら、電話して」という活動ですよね。

鳥羽　そうです。本家の「いのちの電話*」は、電話がなかなかつながりにくいということで、坂口さんは自分のところにかけてくれれば、絶対に電話に出るよとおっしゃっている。

尾久　僕はくわしくないのですが、坂口さんのすごいところは、「いつでも電話に出る」という自分の言葉に責任を持っているところだと思います。「本当に辛いときは、そこに駆け込もう」と思える場所があると、人は安心するんです。患者さんには「困ったときは、いつでも来ていいよ」と言うんですが、そうすることで、むしろ予約なしに来院することが減るんですよね。

鳥羽　そうか、「いつでも」がキーワードなんですね。

尾久　むしろ「週に一回、三十分は診察時間を取りますよ」と決めてしまうと、かえって「その時間しか診てくれないんだ」と思って、患者は追い詰められてしまう。

鳥羽　なるほど。僕も生徒が「いつでも」頼れる場であってほしいと思って、いまの教室

＊坂口恭平
一九七八年熊本県生まれ。早稲田大学理工学部建築学科卒業。路上生活者の住居を収めた写真集『0円ハウス』を刊行。熊本で独立国家の樹立を宣言し、新政府総理大臣に就任した経緯を綴った『独立国家のつくりかた』が話題に。著書に『苦しい時は電話して』『躁鬱大学』『生きのびるための事務』など。音楽・美術分野でも活動する。

＊いのっちの電話
坂口恭平氏が無償で始めた電話サービス。「いのちの電話」がほとんどつながらないという現状から二〇一二年よりスタート。一日に20人ほどかけてくるという。

＊いのちの電話
孤独や不安で悩んでいる人のための相談ダイヤル。一九五三年、ロンドンで開始された自殺予防の施策に端を発する。一九七一年ボラ

を運営していますが、同じことが言えるかもしれません。

自由と規範で揺らぐ

鳥羽　冒頭でも話しましたが、親を見ていると、子どもを見守ることの難しさを痛感します。見守るというより、過剰に心配して子どもを管理することで、子どもの問題ばかりを見つけてしまう親もいる。一方で、見守りすぎるとよくない、という言い訳を手に入れた親が放任主義になると、行動基準を失った子どもが前後不覚になってさまよってしまう。そのどちらかに二極化してしまうんです。

尾久　見守るというのは、本当はバランスが大事ですよね。

鳥羽　そこのバランスを崩しちゃうのは、言ってしまえば、親自身に余裕がないからでしょう。でも、親も人間だからしょうがないとも言えるんですよね。

尾久　「見守る」を意識しすぎずに、親は、子どもに振り回されていればいいんじゃないでしょうか。

鳥羽　そうですね。「見守る」とか「寄り添う」とかいった、聞こえのいい言葉にあまり期待しないことです。「ちゃんと見守らないと」と思って近づくと、失敗しやすい。なぜなら、ただ近くにいるだけでいいのに、見守りたい、寄り添いたいと思うその心が自己本位だからです。でもこれは、自己本位が悪いというより、自己本位な部分を自分でごまか

ンティア相談員による電話相談が東京で開始。二二年時点で約５８００名の相談員が活動する。

して見ずに済ませようとして、なんとか正当化しようとするからややこしいことになるんですよね。それによって自分を後戻りできなくさせるというか。

であれば、子どもの言動に反応して、右往左往したらいいんですよね。親だって人間なんだから揺れ動いている。その揺らぎを、時には子どもに見せることがあってもいいと思うんです。例えば、「子どもは自由にさせたい」という願いと、「そうはいっても、規範も大事」という間で揺らぐというのは、子育てにおいてとても誠実で忍耐強い態度だと思います。

尾久　子どもに適度に振り回されることができない大人が、増えている気がします。

鳥羽　親がマジメすぎるんです。親が「親」に過剰適応していると言ったほうがいいかな。

尾久　受診に来る親も、マジメすぎる人は多い印象です。近くにいれば子どもの不安はダイレクトに伝わり、自分の不安として親には体験される。その不安を解消しようとして親は右往左往するわけですが、ご夫婦そろって右往左往されていることが多い。ここで、不安がどちらかだけに伝わり、もう片方の親がその不安を相対化してあげるような関係性だと、たぶんマジメ〝すぎる〟感じは、あまり出ないんじゃないかと思うんですよね。

鳥羽　二十年前と明らかに違うのは、男女共同参画の時代ですから、両親そろって子育てに積極的な家庭が増えている点です。両親が足並みをそろえて積極的なのは、一見いいようにに見えるけれど、子どもにとっては過多なプレッシャーです。子どもに小言を言うのはどちらかでいい。

実際、テキトーな親の、何気ない言葉に救われている子はたくさんいます。お父さんとお母さんの両方から「ちゃんとしなさい」と言われる子どもは、家庭で本当に心を休めることなんてできません。

尾久　そのあたりの事情は、鳥羽さんの本でもリアルに描かれていますね。「自由と規範の間を揺れ動きながら」子どもと向き合っていけばいいですね。

鳥羽　自由と規範の間で、そして、マジメさとテキトーさの間で生きていくことの意味がわかるのが大人だと思います。

おわりに

長い間、子どもたちとかかわってきました。福岡市の大濠公園の近くで信頼するスタッフたちと教室を運営しながら、小学6年生から高校3年生までの多くの生徒（現在は約150名）と共に学ぶ生活を二十年以上にわたり続けてきました。

生徒を指導する立場である僕がいま「生徒と共に学ぶ」という表現を用いたのは、教師と生徒との双方向的な学びが重要という能書きを超えて、僕自身が生徒と共に学んでいかなければ、現状にあぐらをかくことなく学び続けなければ、日々のクラスに命を吹き込むことはできないし、子どもとの場が立ち行かないという鋭い実感を持っているからです。

この本を手に取ってくださった方であれば、自分なりの学びが途絶えてしまえば、自身の思考が生気を失ってしまうこと、それによって自らの生命の瑞々しさまでも失われてしまうこと。そういった危惧を多少なりとも抱いていらっしゃるのではないでしょうか。

この本に収録された「学び」の最前線にいらっしゃる方々との対談では、現代の子どもの学びの現場における諸問題や、親や教師がどのように子どもの学びを生起させるかという話題に多くのページを割いています。しかし、結局のところは、子どもというより、読者自らがどのような学びをどのように継続していくのかという内容へと焦点が絞られていくことに気づかれるのではないでしょうか。

あまり語られないことですが、大人のほとんどが、子どもの頃できなかったことを、いまもできないできないと胸に抱えながら生きています。「学び」に対してもやはり、どこか苦手意識を持ったまま生きている大人は多いはずです。

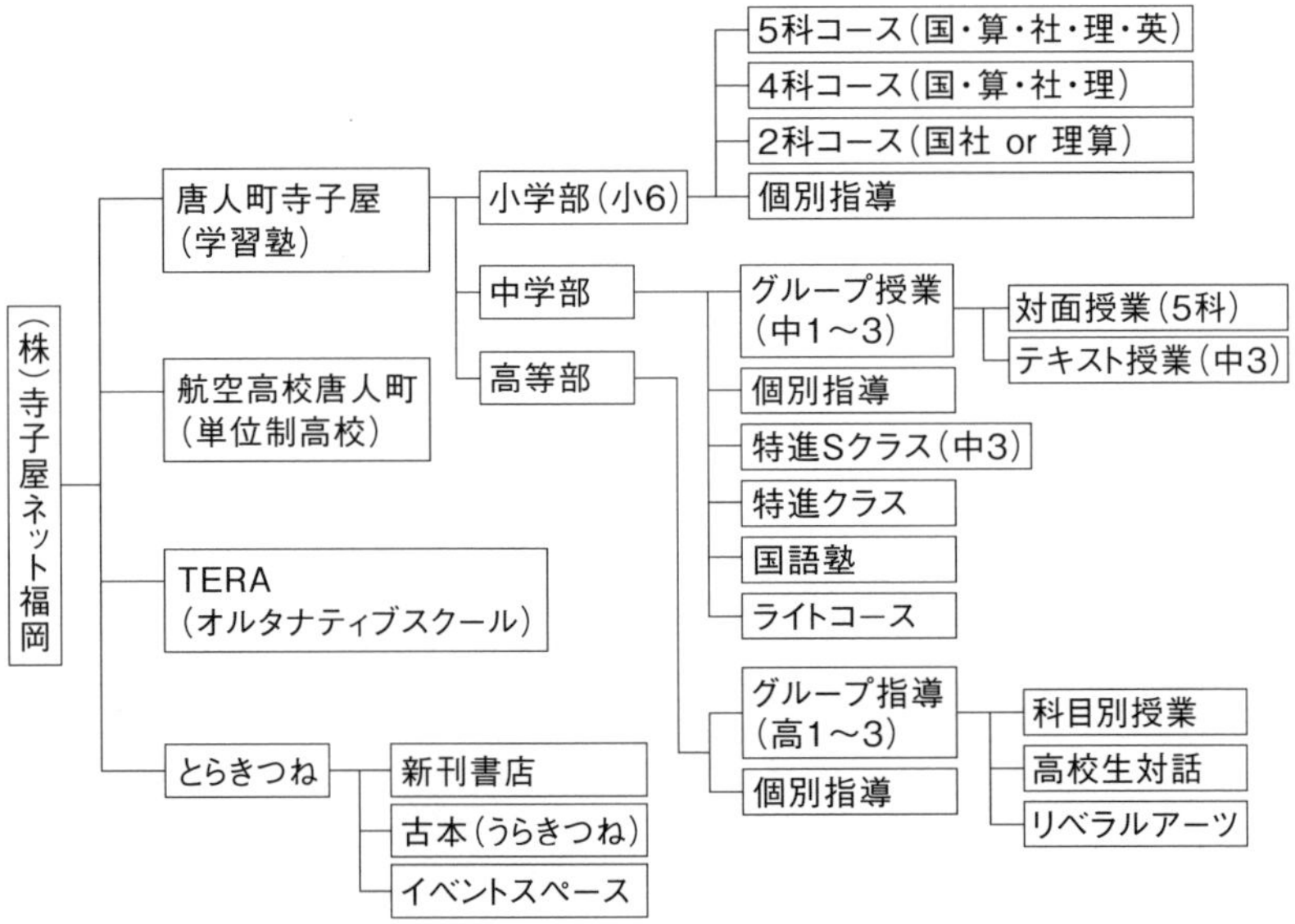

寺子屋ネット福岡（鳥羽和久氏が運営する教室）の組織図

子ども時代の苦手意識は、意外なほど大人になってもその人を縛り続けます。大人の「私は○○ができない」「僕は××が下手だ」というネガティブな気持ちは、子ども時代からの反復であり、いつの間にかその反復が（ネガティブなものであるにかかわらず）自身のアイデンティティとして心に沈着している大人はたくさんいます。

苦手意識というのは、「私には才能がない」「僕は頭が悪い」といったふうに、自己否定に結びつきやすいものです。しかし、多くの苦手意識が子ども時代における「出会い方」の問題であることは、いくら話しても足りないくらいです。本当はその人なりの得意なことがあるはずなのに、いびつな競争原理のなかで自信をなくしてしまった、画一的な基準で低評価を受けた、きょうだいと比較されて育った……など、理由はさまざまですが、人がそれらの意識を持つ過程には、例外なく何らかの不当な力がはたらいていると考えて間違いありません。

僕が日々かかわっている高校生のなかにも、強烈な苦手意識を抱えている子は多いです。例えば、小学校時代に中学受験の競争のなかで算数に苦手意識を持った子が、その後も数学に対して苦手と感じたまま学生時代を過ごしている場合があるのですが、本当にもったいないと感じます。小学校時代の苦手なんて当てにならず、その後どうにでもなるのに、苦手意識自体がその子の可能性を奪ってしまったという例は枚挙にいとまがありません。こういう子どもたちが苦手意識を燻《くすぶ》らせたまま大人になっていくとしたら、とても残念なことだと思うのです。

強調したいことは、人間は日々変化していくということです。そして、物事の方にも様々な象面があり、刻一刻と状況は変化しているということです。だから、苦手意識はちょっとしたきっかけで反転します。一度苦手だと思ったことであっても、本当は何度でも出会い直せるのです。

それを困難にしているのは、子ども時代から相対的に形成された苦手意識が、その人の身体を固まらせて出会い直すことを妨げているからです。そうやっていつまでも自分のなかに「苦手」が燻り続け、大人になっても「苦手意識」が身体を縛り続けていること。それを知ったうえで出会い直しを試みる勇気が、人生の新しい扉を開くために必要なものです。この本には、そのためのヒントが鮮やかに語られている箇所があります。

まえがきでも少し触れましたが、最近の教育課程では、これまでの暗記偏重の学びに対する反省から、学生が自ら考え、問題を解決するための主体的な学び（アクティブ・ラーニングなど）が試みられています。しかし、近年明らかになりつつあるのは、土台の知識なしに学生同士で考えることを試みたところで、その内容はたかが知れているという、言われてみれば当たり前のことです。これまでの授業形式と比べて深い学びが得られるとは限らず、むしろ、学校において基礎的な学習と訓練がおろそかになることは学力格差を助長する（子どもの生育環境や経済的条件への依存が大きくなるため）懸念が指摘されています[*1]。

先ほど、「暗記偏重の学びに対する反省」と言いましたが、このような「反省」のよくないところは、反省されるべき何かは程度の問題だった（行き過ぎが問題であった）にもかかわらず、その何かを単に否定する方向にはたらきやすいことです。過剰な反省は程度を弁《わきま》えないのでむしろバランスを壊し、状況を悪化させることが多いもの。教育課程における暗記偏重に対する反省もそうで、程度が過ぎることが問題だったはずなのに、暗記自体が悪者にされてしまった。ここに昨今の教育の弱体化の原因があります。

「学び」という言葉の語源は一般に「まねび」（真似び）、つまり「真似をすること」からきているとされています。また、福岡藩出身の儒学者、貝原益軒《かいばらえきけん》[*2]（僕たちの教室のすぐそばに彼の墓があります）は「真習び」を「学び」と読ませることで、師匠の手本をそっくりそのままに書く「手習い」こそを学びの中心に据えました。つまり、手本をそっくりそのまま書けるほどに身体化して自分のものにすることが、学びの原形にはありました。

ということは、「暗記」に問題点があるとすれば、そこに身体化が十分にともなっていないことにあると言えそうです。しかし、学校の試験や入試において「正答」が求められることは、手本通りの実践ができるかが試されているという意味では「手習い」的であり、本来の学びの観点から見ても一概に否定されるべきものではなさそうです。つまり、真に暗記に向き合うことは言葉を血肉化する作業なのだし、そうでなければならないとさえ思うのです。

近年の生成ＡＩの普及は、暗記することの意義だけでなく、自らで考え出すことの価値すら奪うのではないかと懸念されています。思考をつくるプロセスを奪うことは、つまり現実に対する反応を省くことですから、ざらついた世界との摩擦や葛藤がますます少なくなり、どこか地に足が着いていない淡白な人たちが今後ますます増えていくのかもしれません。

ただ、僕はこのことを単に悪いこととは思いません。僕の現在の認識には間違いなくこれまでかかわってきた千人以上の子どもたちと、数千人のその家族たちの印象の影響が含まれていますが、彼らを見ていると、彼らそれぞれに気持ちよく幸せに生きてさえいれば、それ以上何を望むことがあろうかと思うのです。

だから、今後、他者との摩擦なしに済ますために、ＡＩの慰めのもとで生きる人が増えたとしても、そういった「安易な」生き方を志向する人が増えたとしても、なぜそれを責められるだろうかと思うのです。「安易な」生き方のなかにも確かな光が差していて、それを誰にも邪魔できないことを僕は身をもって知っているつもりだし、むしろその証人になりたいくらいなのです。

この意味では、今回の本に出てくる人たちは、僕も含めて極めて物好きな人たちと言えるでしょう。自分の知らないことに出会い、こんなことも知らなかった自分を発見することで、自分のなかに真新しい自分を見出すという「学び」を心底おもしろがっているわけですから。

これは一面では主体へのこだわりでもあるのでしょうが、それだけを強調するのは不当で、それは主体で遊ぶことでもあります。つまり、自分遊びがやめられない人たちということになるだろうと思いますが、自分遊びが嵩じると、いつしか自分を手放してしまうところがこの遊びのおもしろいところです。

ただし、こういった人たちは、独我論的な遊びに興じているだけではなくて、そういった遊びを通じて、あわよくば、そばにいる大切な人やたまたま出会った見知らぬ人に何か貢献し、共に生きる喜びを分かち合いたいという願いも、確かに持っているのです。この本で、同じように物好きな読者たちと「学び」をめぐって共有できるものがあることを期待しています。

最後に、あさま社の代表である坂口惣一さん、対談の構成を担当したライターの安里和哲さん、そして「学び」について共に考えてくださった対談者の方たち、千葉雅也さん、矢野利裕さん、古賀及子さん、井本陽久さん、甲斐利恵子さん、平倉圭さん、尾久守侑さんに感謝します。

坂口さんと初めてお会いしたのは、あさま社の所在地である軽井沢においてでした。坂口さんからこれまでの人生で最も丁寧な企画書をいただいたご縁で、軽井沢風越学園の見学に行ったついでに「お会いしましょう」と声を掛けさせていただいたのでした。会話の際には、僕と違って極めて慎重に言葉を選ぶ方なのですが、それでも坂口さんの言葉の端々に、この本と対談を通して彼自身の心が揺らいでいるのを感じることがあり、僕にはそれが坂口さんの誠実さを表しているように思えました。

安里さんのことを知ったのは、村井理子さん[*3]とお会いしたときに「安里さんはすごくいい仕事をする」と絶賛していたことからでした。信頼している方の評はやはり当てになりますね。対談相手の振れ幅が大きいこの本は、安里さんの構成力なしには完成しえないものでした。彼の丁寧かつ果敢な仕事の一端を垣間見ることができたことは、これ以上ない喜びでした。

対談相手は坂口さんからの提案と僕からのリクエストの両方で決定しました。結果として、教育関係者だけでなく、いま子どもの「学び」に悩む親や家族、自らが学び続けることについて興味のある大人、社会的課題の一端として「学び」について問題意識を持つ方などに向けた、多面的な視点を持つ本が完成しました。この本にかかわってくださったすべての方に感謝いたします。

二〇二四年八月二十五日　鳥羽和久

＊1　学生主導の「主体的な学び」が試みられ、その新しい教育課程が世界中で理想的に語られてきたフィンランドでは、教育文化省による報告書「ビルドゥングレビュー」（二〇二三年）によって、近年の学生たちの著しい学力低下が明らかになった。主体的な学びが必ずしもあらゆる学生に有効とは限らないこと、教師の裁量が大きく、自由度の高い授業は生徒にとってリスクにもなること、そのような新しい学びが家庭環境や社会経済的背景による格差を広げる要因となっている可能性があることなどが指摘されている。

＊2　**貝原益軒**　江戸時代の儒学者・薬学者。筑前国の福岡藩士で当初は黒田藩に仕えたが藩主の怒りにふれ、数年間の浪人生活に入る。この間に「民生日用の学」を志す。『養生訓』など多くの著述を残し、経学、医学、民俗、歴史地理、教育の分野で先駆者的業績を挙げた。一六三〇年生まれ、一七一四年歿。出生地の福岡市中央区今川（鳥羽和久氏の教室と同じ当仁校区）の金龍寺に墓所がある。

＊3　**村井理子**　翻訳家、エッセイスト。滋賀県の琵琶湖畔に夫と双子の息子と暮らす。著書に『村井さんちの生活』『兄の終い』『全員悪人』『家族』『義父母の介護』など。訳書に『ゼロからトースターを作ってみた結果』『エデュケーション——大学は私の人生を変えた』など。一九七〇年、静岡県生まれ。鳥羽和久氏の初期作『親子の手帖』をメディアでいち早く紹介し、同書の増補版刊行の際には解説を書いている。鳥羽氏も村井氏の『家族』を書評（亜紀書房「あき地」）している。

学びを深めるための読書ガイド

第1章

・千葉雅也著『勉強の哲学——来たるべきバカのために』文藝春秋 二〇一七年刊行
・千葉雅也著『センスの哲学』文藝春秋 二〇二四年刊行
・千葉雅也著『現代思想入門』講談社 二〇二二年刊行
・千葉雅也著『動きすぎてはいけない——ジル・ドゥルーズと生成変化の哲学』河出書房新社二〇一三年刊行
・ジル・ドゥルーズ著、財津理訳『差異と反復』上下巻 河出書房新社 二〇一〇年刊行
・ジル・ドゥルーズ／フェリックス・ガタリ著、宇野邦一訳『アンチ・オイディプス資本主義と分裂症』(上下巻)河出書房新社 二〇〇六年刊行
・ジャン＝ポール・サルトル著、伊吹武彦／海老坂武／石崎晴己訳『実存主義とは何か』人文書院 一九九六年刊行
・ジャン＝ポール・サルトル著、松浪信三郎訳『存在と無』上下巻 人文書院 一九九九年刊行
・ミシェル・フーコー著、田村俶訳『監獄の誕生〈新装版〉—監視と処罰』新潮社 二〇二〇年刊行
・小林康夫／船曳建夫編『知の技法——東京大学教養学部「基礎演習」テキスト』東京大学出版会 一九九四年刊行
・ジャン＝フランソワ・リオタール著、小林康夫訳『ポスト・モダンの条件——知・社会・言語ゲーム』水声社 一九八九年刊行
・浅田彰著『構造と力——記号論を超えて』中央公論新社 二〇二三年刊行
・アーヴィング・ゴッフマン著、石黒毅訳『行為と演技——日常生活における自己呈示』誠信書房 一九七四年刊行

第2章

・矢野利裕著『学校するからだ』晶文社 二〇二二年刊行
・鳥羽和久著『君は君の人生の主役になれ』筑摩書房 二〇二二年刊行
・鳥羽和久著『おやときどきこども』ナナロク社 二〇二〇年刊行
・ミシェル・フーコー著、渡辺一民／佐々木明訳『言葉と物〈新装版〉——人文科学の考古学』新潮社 二〇二〇年刊行
・ミシェル・フーコー著、渡辺守章訳『性の歴史1 知への意志』新潮社 一九八六年刊行
・石田光規著『「人それぞれ」がさみしい——「やさしく・冷たい」人間関係を考える』筑摩書房 二〇二二年刊行
・柳田國男著『遠野物語』大和書房 一九八六年刊行

第3章

・古賀及子著『ちょっと踊ったりすぐにかけだす』素粒社 二〇二三年刊行
・古賀及子著『おくれ毛で風を切れ』素粒社 二〇二四年刊行
・武田百合子著『富士日記 新版』（上中下巻）中央公論新社 二〇一九年刊行
・ミシェル・フーコー著、高桑和巳訳『安全・領土・人口（コレージュ・ド・フランス講義1977—1978年）』筑摩書房 二〇〇七年刊行

第4章

・おおたとしまさ著『いま、ここで輝く。——超進学校を飛び出したカリスマ教師「イモニイ」と奇跡の教室』エッセンシャル出版社 二〇一九年刊行

・ジャック・ラカン／ジャック＝アラン・ミレール著、小出浩之他訳『精神分析の四基本概念』岩波書店 二〇〇〇年刊行
・光丘真理著、井本陽久／土屋敦監修『99％の小学生は気づいていない!?――キミが主役の勉強』Z会 二〇二三年刊行

第5章

・安居總子／東京都中学校青年国語研究会編『聞き手話し手を育てる――中学校の表現指導』東洋館出版社 一九九四年刊行
・安居總子著、甲斐利恵子著編、日本国語教育学会監修『中学校 国語授業づくりの基礎・基本 学びに向かう力を育む環境づくり』東洋館出版社 二〇一八年刊行
・甲斐利恵子著『子どもの情景』光村教育図書 一九九七年刊行
・鳥羽和久著『親子の手帖』鳥影社 二〇一八年刊行
・ウィトゲンシュタイン著、野矢茂樹訳『論理哲学論考』岩波書店 二〇〇三年刊行
・大村はま著『新編 教えるということ』筑摩書房 一九九六年刊行
・大村はま著『大村はま　国語教室』全15巻 筑摩書房 一九八二年〜刊行
・澤田英輔著『君の物語が君らしく――自分をつくるライティング入門』岩波書店 二〇二四年刊行
・ナンシー・アトウェル著、小坂敦子／澤田英輔／吉田新一郎 編訳『イン・ザ・ミドル――ナンシー・アトウェルの教室』三省堂 二〇一八年刊行
・ジークムント・フロイト著、竹田青嗣編集、中山元翻訳『自我論集』筑摩書房 一九九六年刊行
・中川雅子著『見知らぬわが町――１９９５真夏の廃坑』葦書房 一九九六年刊行
・ミシェル・フーコー著、豊崎光一／清水正訳『これはパイプではない』哲学書房 一九八六年刊行

・ジャック・デリダ著、西山雄二訳『条件なき大学』月曜社 二〇〇八年刊行

第6章

・平倉圭著『かたちは思考する——芸術制作の分析』東京大学出版会 二〇一九年刊行
・平倉圭著『ゴダール的方法』インスクリプト 二〇一〇年刊行
・ロジェ・カイヨワ著、久米博訳『神話と人間』せりか書房 一九八三年刊行
・フリードリヒ・ヴィルヘルム・ニーチェ著、秋山英夫訳『悲劇の誕生』岩波書店 一九六六年刊行
・フリードリヒ・ヴィルヘルム・ニーチェ著、佐々木中訳『ツァラトゥストラはかく語りき』河出書房新社 二〇一五年刊行

第7章

・尾久守侑著『偽者論』金原出版 二〇二三年刊行
・尾久守侑著『倫理的なサイコパス——ある精神科医の思索』晶文社 二〇二四年刊行
・尾久守侑著『病気であって病気じゃない』金原出版 二〇二四年刊行
・鳥羽和久著『「推し」の文化論——ＢＴＳから世界とつながる』晶文社 二〇二三年刊行
・坂口恭平著『苦しい時は電話して』講談社 二〇二〇年刊行
・花田清輝著『復興期の精神』講談社 一九四六年刊行

おわりに

・貝原益軒著、石川謙編纂『養生訓・和俗童子訓』岩波書店 一九六一年刊行

構成

安里和哲（あさと・かずあき）

ライター、インタビュアー。一九九〇年、沖縄生まれ。映画、お笑い、文芸、音楽などのポップカルチャーを中心に取材・執筆を行う。関わった書籍に『First Stage 芸人たちの〝初舞台〟』『TBSラジオ「空気階段の踊り場」公式本2017―2021』『深解釈オールナイトニッポン―10人の放送作家から読み解くラジオの今』『山崎怜奈の言葉のおすそわけ』など。企画取材として、『東出昌大の人生相談「赤信号を渡ってしまう夜に」』（QJWeb）、『鈴木成一と本をつくる』（小学館）、「Maybe!（13号）」沖縄特集など。ライフワークとして沖縄の社会・文化の取材を続けている。X: @massarassa

装幀デザイン　佐藤亜沙美（サトウサンカイ）
本文デザイン　松好那名
ＤＴＰ　荒木香樹（コウキデザイン）
校正　あかえんぴつ

著者
鳥羽和久（とば・かずひさ）
一九七六年福岡生まれ。専門は日本文学・精神分析。大学院在学中に中学生40名を集めて学習塾を開業。現在は、株式会社寺子屋ネット福岡代表取締役として、学習塾「唐人町寺子屋」塾長、単位制高校「航空高校唐人町」校長、及び「オルタナティブスクールＴＥＲＡ」代表を務め、小中高生１５０名余の学習指導に携わる。著書に『親子の手帖　増補版』（鳥影社）、『おやときどきこども』（ナナロク社）、『君は君の人生の主役になれ』（筑摩書房）、『「推し」の文化論――ＢＴＳから世界とつながる』（晶文社）など。

「学び」がわからなくなったときに読む本

二〇二四年　十月二十三日　初版第一刷発行

著　者　鳥羽和久

発行者　坂口惣一
発行所　株式会社 あさま社
長野県北佐久郡軽井沢町発地一一八四―三一
〒三八九―〇一一三
電話（編集）〇二六七―三一―〇二〇一
FAX　〇五〇―三三八五―八五〇四
URL　https://asamasha.co.jp/

発売所　英治出版 株式会社
〒一五〇―〇〇二二
東京都渋谷区恵比寿南一―九―一二ピトレスクビル４F
電話　〇三―五七七三―〇一九三
FAX　〇三―五七七三―〇一九四
URL　http://www.eijipress.co.jp/

印刷・製本　中央精版印刷 株式会社

ISBN-978-4-910827-04-9 C0030 Printed in Japan

本書の感想募集！

本書をお読みになったご感想を下記QRコードにてお寄せください。e-mail・SNSでも受けつけております。

e-mail：info@asamasha.co.jp　X：@KaruizawaPub

〈あさま社の好評既刊〉

教育関係者・保護者、必読の１冊

千代田区立麹町中の校長として宿題廃止など学校改革を推進した校長と気鋭の教育哲学者が初タッグ！ 未来の教育を大提言した話題の書！

子どもたちに民主主義を教えよう

対立から合意を導く力を育む

工藤勇一・苫野一徳 著

好評発売中！

ISBN978-4-910827-00-1　定価1,980円（10% 税込）

みらいへ届く本

人はなぜ本を読むか。
わたしたちは、その理由を、
本を通して自分と出合っていくためだ、と考えます。
本を読み終えて、目を上げた瞬間
世界がそれまでと違って見えたことはないでしょうか。
まとっていた“常識”や“正解”、
“他人のモノサシ”を脱ぎ捨て
次の瞬間、あたらしい自分になっていく
未知の世界に出合い
わからなさ や 消化のできない感情を抱える
変化の種は個人の中に眠っていて
芽を出すのを待っています。
本を触媒として、芽吹き 伸び つみかさなって
よりよいみらいはつくられていきます。

だから、わたしたち「つくりて」にできることは
ゆっくり　じっくり てまひまかけて本をつくること。
次の世代、そのまた次の世代へ
想像力を総動員して、届けること。
100年後、どこかの誰かが受け取った
ひとつの言葉から
世界が動いていくことを信じる。

みらいへてわたす
工房のような出版社であり続けます。

あさま社